Jutta Gaus
Battertstr. 14
76189 Karlsruhe

Doris Arnitz/Cornelia Tomaschko

Und die Trommel schlägt den Takt

Lieder, Tanz- und Fingerspiele
für alle Gelegenheiten

Mit Anleitungen für den Bau
einfacher Musik- und Rhythmus-
instrumente

SÜDWEST

Inhalt

Kinder lieben rhythmische Bewegungen und Tanzspiele.

Klänge lassen sich auf vielfältige Weise erzeugen.

Mit selbst gebastelten Objekten lassen sich fröhliche Spiele gestalten.

Wiegenlieder helfen den Kleinen zur Ruhe zu finden.

Tanzen und Singen

Nichts macht Kindern mehr Spaß, als etwas Rasselndes oder Klingendes in der Hand zu halten und dazu herum zu tanzen und zu springen. Kinder haben ein natürliches Bedürfnis, Töne in Bewegungen umzusetzen.

Kinder genießen unsere Zuwendung, und sie genießen sie besonders, wenn wir mit ihnen spielen. Schon Einjährige verfolgen fasziniert einfache Fingerspiele. Zweijährige versuchen, selbst mit ihren Fingern Geschichten zu erzählen; für Dreijährige ist dies überhaupt kein Problem mehr. Spielerisch entdecken Kinder ihre Fähigkeiten. Sie freuen sich über das, was sie können, und um dieses schöne Gefühl immer wieder von neuem zu erleben, wiederholen sie das Spiel viele, viele Male. Dass sie sich auch damit etwas Gutes tun, wissen sie natürlich nicht – und brauchen es auch nicht zu wissen.

Für Eltern ist dies aber von Bedeutung, denn die Wiederholung ist ein wesentlicher Teil des Lernens. Für Kinder ist es wichtig, sprechen und singen zu dürfen, mit ihrer Stimme zu experimentieren. Schon ein Baby braucht Sprache für eine gesunde Entwicklung. Es genießt die Zuwendung und den vertrauten Klang der bekannten Stimmen. Das kleine Kind wächst in die Sprache hinein und beginnt selbst, mit den Lauten zu spielen, bis es sprechen kann. Genauso experimentiert jedes Kind mit der Bewegung. Ob ein Baby versucht zu greifen oder ein einjähriges Kind die ersten Schritte alleine macht, Eltern sollten diese Versuche stets unterstützen und altersgerechte Angebote machen. Gerade Bewegung ist die Grundlage für eine ganzheitliche Entwicklung eines Kindes.

Eine Fundgrube für Spiel und Spaß

In diesem Buch finden Eltern, Großeltern, Erzieherinnen und alle, die mit Kindern spielen und arbeiten, viele Anregungen, wie sie das Bedürfnis des Klein- und Vorschulkindes nach Musik, Bewegung und Sprache spielerisch befriedigen können. Der Aufwand ist gering. Was Sie für die kleinen Bastelarbeiten brauchen, findet sich bestimmt in Ihrem Haushalt. Die Anleitungen sind so gestaltet, dass

Man muss kein Wunderkind sein, um mit fünf schon ein »richtiges« Instrument spielen zu können. Das Gefühl für Melodie und Rhythmus kann schon im Kleinkindalter gefördert werden.

Kinder ihrem Alter entsprechend mitmachen können. Mit selbst gebastelten Instrumenten zu musizieren macht ganz besonders viel Spaß. Gleichzeitig übt das Kind beim Basteln neue Fertigkeiten ein. Die Geschicklichkeit der Hände und Finger wiederum sind eng mit der Entwicklung des Denkens verbunden.

Die ausgewählten Sprechverse und Lieder sind überwiegend alte überlieferte Melodien und Texte oder Verse und Lieder, die mir von Schülern und Fortbildungsteilnehmern mit dem Hinweis »Quelle unbekannt« weitergegeben wurden. Sie sind mit einer einfachen Gitarrenbegleitung gesetzt, so dass die meisten Lieder auch mit Orff-Instrumenten musiziert werden können.

Die Melodien der Lieder sind eingängig und überschaubar. Sie entsprechen den Bedürfnissen von Kindern im Vorschulalter. Vielleicht haben Sie das eine oder andere Lied als Kind selbst gelernt, und Sie erinnern sich, welche Gefühle und Vorstellungen diese Lieder bei Ihnen wachgerufen haben. Ich wünsche Ihnen viel Freude beim Musizieren, Singen, Tanzen und Reimen.

Doris Arnitz

Der ganze Haushalt ist ein Fundus voller Musikinstrumente. Töpfe, Kuchenbleche, Becher, Papier, Münzen, Knöpfe – alle Dinge klingen verschieden und können nach Geräuschen verglichen werden.

Schmetterling, such dir eine Tänzerin

Musik und Bewegung gehören zusammen. Beide fördern die kindliche Entwicklung.

Musik fasziniert Kinder. Sobald sie eine Melodie hören, werden Kinder aufmerksam. Sie hören zu, summen oder singen mit, tanzen oder begleiten das, was sie hören, auf einem mehr oder minder improvisierten Instrument. Spielerisch setzen sich Kinder so mit Elementen der Musik, der Bewegung und der Sprache auseinander. Der Rhythmus ist die Verbindung. Er trägt Musik, Bewegung und Sprache. Gleichzeitig ist die Erfahrung von Rhythmus in der Gruppe die beste Grundlage für ein harmonisches Miteinander. Für eine ganzheitliche Förderung des Menschen ist das Spiel mit dem Rhythmus deshalb von großer Bedeutung.

Hörerfahrungen regen an

Dynamik, unterschiedliche Tempi und Ausdruck sind charakteristisch für eine lebendige Sprache, genauso wie für Musik und Bewegung. Es öffnet Kindern neue Wege, wenn sie Erlebtes mit diesen Mitteln ausdrücken können.

Beim ersten bewussten Lauschen von Tönen und Musik spannt das Kind seinen Körper an, öffnet die Augen weit und verfolgt aufmerksam die Klänge der Musik. Nach einiger Zeit kann das Kind Geräusche oder Lieder der entsprechenden Klangquelle zuordnen. Es fängt an, sich spontan dazu zu bewegen, je nach motorischen Fähigkeiten. Es zappelt, klatscht, stampft, hüpft oder tanzt mit. Ist das Kind der Sprache mächtig, versucht es das Gehörte nachzuahmen. Es singt Melodieteile, oder bei häufigem Wiederholen lernt es sogar, ganze Liedtexte selbständig zu singen.

Musik, Bewegung und Sprache wirken immer zusammen, wenn Menschen Musik machen oder tanzen. Auf spielerische Weise macht ein Kind erste musikalische Grunderfahrungen. Bereits bei Fingerspielen und ersten Tänzen, vielleicht noch auf den Armen von Mutter und Vater, bekommt es einen inneren Zugang zur Musik. Durch dieses Zusammenspiel werden bestimmte Gefühle wie Freude oder Schmerz mit Inhalten verbunden. Deutlich wird dies bei Liedern, die trösten oder beim Einschlafen helfen, und bei Liedern, die zum Tanzen auffordern. Kinder werden angeregt, sich mit musikalischen und sprachlichen Elementen auseinanderzusetzen. Sie bekommen aber auch eine Fülle von Anregungen, sich zu bewegen: zu laufen, zu hüpfen, zu springen, zu galoppieren oder zu balancieren.

Musik

»Die Musik öffnet die Tür zum Innersten des Menschen, sie wird, wenn richtig gewählt, zum erzieherischen Mittel.« Mimmi Scheiblauer, eine der ersten Rhythmikerinnen, beschreibt, wie Musik auf Menschen wirkt. Musik setzt Emotionen frei. Sie kann beruhigen, ausgleichen, anregen, aggressiv oder nervös machen. Jeder kann zu Hause, in der Spielgruppe, im Kindergarten oder beim Kinderturnen beobachten, wie sich Kinder spontan zu Musik, zu Liedern und Rhythmen bewegen. Fingerspiele, Bewegungsspiele oder Rhythmen, die mit Klanggesten wie beispielsweise Patschen oder Klatschen begleitet werden, entsprechen dem grundlegenden Bedürfnis des Vorschulkindes nach ganzheitlichem Tun, bei dem Körper, Geist und Seele in Verbindung treten. Das lustvolle Spiel verstärkt die musikalischen Erlebnisse.

Aber nicht jede Musik ist für Klein- und Vorschulkinder die richtige. Für die Kleinsten sind Wiegenlieder und traditionelle Kinderlieder geeignet. Diese Lieder sind einfach strukturiert, haben keine Disharmonien und kommen mit wenig unterschiedlichen Tönen aus, wie in »Summ, summ, summ, Bienchen summ herum«. Der Wiedererkennungseffekt ist hier von Bedeutung.

Für Kindergartenkinder bieten sich die zahlreichen Tanz- und Spiellieder an, die gleichzeitig dem starken Bewegungsbedürfnis entsprechen: »Ringel, ringel Rosen« oder »Häslein in der Grube«. Hierzu kommt, dass mit diesen Liedern gruppendynamische Prozesse in Gang kommen.

Mit etwa fünf Jahren beginnt ein Kind mit Tönen zu experimentieren. Es versucht, laute und leise Klänge zu erzeugen, helle und dunkle, kurze und lange; es erfasst rhythmische Motive und kann sie nachahmen.

Zur Auswahl der Lieder und Reime

Die für dieses Buch ausgewählten Lieder stammen überwiegend aus dem deutschen Volksgut. Sie wurden über Generationen bewahrt. Die Melodien und Strukturen dieser traditionellen Lieder sind eingängig und überschaubar. Sie entsprechen den Bedürfnissen von Kindern zu singen, zu tanzen oder zu klatschen. Moderne Kinderlieder dagegen sind kurzlebig. Sie sind mit zahlreichen Effekten ausgestaltet, sind kurze Zeit interessant und verschwinden schnell wieder. Kinder hören heute viel Musik aus Radio, Kassettenrecorder und Fernseher. Aber Konservenmusik hat nicht den gleichen Wert wie Musik, die das Kind selbst gemacht hat, vielleicht sogar zusammen mit anderen. Was dabei als Erfahrungsschatz für die Zukunft bleibt, sind Interaktionen zwischen Menschen, das Gefühl gemeinsam an der gleichen Sache Freude zu haben, angenommen zu sein, auf eine sanfte Art sein Innenleben nach außen tragen zu können.

Was Kinder bereits in der frühesten Kindheit lernen, bleibt als Erfahrung für das weitere Leben. In den ersten Lebensjahren schlägt ein Kind seine Wurzeln in der Kultur in der es aufwächst. Nicht nur Melodien und Lieder bewahrt sich das Kind, sondern auch Gefühle und Empfindungen. Kinderlieder erzählen von der Welt der Kinder. Einige Kinderlieder aus anderen Ländern ergänzen die Sammlung, um auch das Verständnis für andere Kulturen zu fördern.

Die eigene Stimme ist von Anfang an ein wichtiges »Spielmaterial«. Indem sie variiert wird, durch Wortspielereien und Melodien ist sie in jeder beliebigen Situation und zu jeder Zeit einsetzbar, um sich auszudrücken.

Unsere Stimme

Die meisten Menschen singen Melodien vor sich hin, sei es im Auto, unter der Dusche oder beim Kochen. Dabei erleben sie nicht nur die Musik, sondern auch Gefühle, die beim Singen eines bestimmten Liedes in Erinnerung gerufen werden. Die Stimme ist das erste Instrument eines jeden Menschen. Bereits Kleinkinder singen einfache Melodien nach. Sie lernen, klare Lied-Strukturen zu durchschauen. Indem sie Betonung, Rhythmus und Lautstärke verändern, machen Kinder vielfältige musikalische Grunderfahrungen.

Jede menschliche Stimme hat unterschiedliche Ausdrucksmöglichkeiten: sprechen, schreien, lachen, brummen, pfeifen, um nur einige zu nennen. Besonders Vier- bis Sechsjährige haben ein großes Bedürfnis zu improvisieren. Sie experimentieren mit ihrer Stimme, verändern Melodien oder den Rhythmus und entdecken, welche Wirkung diese Veränderungen haben. Große Freude bereitet es ihnen, immer wieder neue Lieder, Verse und Rhythmen zu erfinden.

Übers Hören

Kinder, die ständig vor Geräuschkulissen spielen, wie sie Radio, Fernseher und Kassettenrecorder täglich produzieren, verlieren die Fähigkeit, zuhören zu können. Die meisten Kinder hören einfach weg. Hören und Zuhören zu können ist eine wichtige Fähigkeit, die leider wenig geschult wird. Im Gegenteil. Die Umwelt ist von vielen Geräuschen erfüllt. Der ständige Lärm kann zu Gereiztheit und Ruhelosigkeit bei Kindern führen. Wie können Kinder unter solchen Umständen lernen zuzuhören? Es kommt auf das an, was sie zu hören bekommen. Kleinkinder sind fasziniert von Stimmen, Sprechversen und Liedern. Sie hören mit dem ganzen Körper und wollen auch »begreifen.« Ein Kind hört und versucht gleichzeitig zu erforschen, woher ein Klang kommt. Wer einem kleinen Kind Fingerspiele und Reime vorspricht oder Lieder vorsingt, sollte dabei stets das Kind anschauen. Dadurch wird das zielgerichtete Hören geschult. Hört ein Kind den Satz »Die Hände machen klatsch, klatsch, klatsch«, kann es das Wort Klatschen mit der Tätigkeit in Verbindung bringen. Dabei entwickelt sich fast nebenei sein Sprachverständnis. Die emotionale Beziehung zum Kind wird durch das Musizieren gestärkt. Über Lieder drücken Menschen Stimmungen wie Freude und Trauer aus. Erwachsene können mit Kindern über Lieder und Verse »reden«. Wer kennt nicht die tröstenden Worte des alten Kinderliedes »Heile, heile Segen, drei Tag Regen, drei Tag Schnee, schon tut es nicht mehr weh«. Und schon fühlt sich der kleine Mensch in seinem Schmerz ernst und angenommen.

Kaum hat ein Kind die ersten Hörerfahrungen gemacht, wird es von einer Flut von zum Teil aggressiven Geräuschen aus der Umwelt überschwemmt. Kein Wunder, dass es diese Reize einfach ausblendet, um sich vor einer Überforderung zu schützen.

Bewegung und Entwicklung

Ein wichtiger Aspekt für die positive Entwicklung eines Kindes ist die Bewegung oder kurz gesagt: Ohne Bewegung gibt es keine Entwicklung. Bewegung ist mehr als nur ein motorischer Vorgang, sie befähigt den Körper, Sinneseindrücke zu verarbeiten und auszudrücken. Der Schweizer Kinderpsychologe Jean Piaget hat als erster mit seinen Untersuchungen belegt, welche zentrale Rolle die Bewegung für die Entwicklung des Denkens hat. Ein Baby greift zunächst zufällig in die Luft, entdeckt dann aber durch häufiges Wiederholen, dass es gezielt und bewusst etwas (be-)greifen kann.

Über diese Greifbewegung nimmt ein Kind seine Umwelt wahr und lernt so seinen Körper kennen. Durch häufiges Wiederholen werden die unbewussten Erfahrungen bewusst und sind abrufbar. Auf diese Art und Weise lernt ein Kind greifen, sitzen, krabbeln, robben, gehen und sprechen. Es lernt, Dinge zu unterscheiden, zu fühlen und differenziert wahrzunehmen. Aufgrund dieser Erfahrungen kann ein Kind Handlungen planen und zielgerichtet ausführen.

Indem es Dinge anfasst, entdeckt ein Baby verschiedene Materialien, erfährt die Beschaffenheiten und Formen von Gegenständen und begreift sich selbst und seinen Körper in Verbindung dazu. Es bekommt immer mehr Sicherheit im Umgang mit seiner Umgebung.

Selbstvertrauen

Um seinen Körper zu beherrschen, macht ein Kind ständig Bewegungsversuche. Es übt zum Beispiel, sich an einem niedrigen Tisch hochzuziehen. Immer wieder und immer wieder die gleiche Bewegung. Das Kind macht dabei verschiedene Erfahrungen mit seinem Gleichgewicht und mit seiner Koordinationsfähigkeit. Bekommt ein Kind genügend seinem Alter entsprechende Möglichkeiten, sich körperlich zu betätigen,wird es motorisch geschickt, fühlt sich sicher und probiert neue Wege aus. Das Kind wird immer unabhängiger von Erwachsenen, sein Selbstbewusstsein, seine Selbstständigkeit und sein Selbstvertrauen werden gestärkt. Da Kinder in den ersten sieben Jahren über Nachahmung lernen, sollten sich Erwachsene bewusst sein, welche Wirkung ihr eigenes Bewegungsverhalten auf Kinder hat.

Die für dieses Buch ausgewählten Tanz- und Bewegungsspiele bieten Anreize für neue Bewegungsarten. Sie machen Spaß und verbinden auf faszinierende Weise Musik und Bewegung. Da Hand- und Fingergeschicklichkeit eng mit der Entwicklung des Denkens verbunden sind, braucht ein Kind auch Fingerspiele und Bastelangebote.

Sprache ist Musik

Jede Sprache hat ihren eigenen Rhythmus und ihre eigene Sprachmelodie. Der Rhythmus ist das verbindende Element zwischen Sprache, Bewegung und Musik. Wenn Kinder sprechen lernen, beobachten sie die Mundbewegungen, die Gestik und Mimik derjenigen Menschen, die mit ihnen sprechen. Fingerspiele, Kniereiterverse, Wiegenlieder und auch andere Lieder kommen den grundlegenden Bedürfnissen eines Kindes entgegen. Es kann hören, schauen, fühlen, und es lernt, Bewegungen mit Worten zu deuten und zu verstehen.

Zunächst beginnt ein Kind damit, einfache Tonfolgen (Leiermelodien) vor sich hin zu lallen. Meistens verbindet es Melodien mit einer Bewegung oder einer Gestik. Kinder experimentieren immer wieder mit neuen Rhythmen, die sie aus der Sprache der Erwachsenen oder aus Kinderliedern und Reimen entnehmen. Oftmals können Erwachsene am Sprachrhythmus erkennen, welchen Sprechvers oder welches Lied das Kind meint.

In den ersten fünf Jahren lernen Kinder zu sprechen sowie Gedachtes zu formulieren. Sie üben sich im Nacherzählen von Geschichten, im Beschreiben von Beobachtungen und Erfahrungen. Alle bedeutenden Pädagogen haben festgestellt, daß Sprache und Denken gekoppelt sind. Der spielerische Umgang mit der Sprache erleichtert dem Kind, die Sprache zu erlernen. Es übt seine Mundmotorik, lernt deutlich zu artikulieren und fließend zu sprechen. Außerdem entdeckt es, daß es die Sprache zum Ausdruck seiner Wünsche und seiner Gefühle, wie Freude, Trauer, Angst benutzen kann. Wenn ein Kind gelernt hat, seine Wünsche und Gefühle zu formulieren, hat es

Wenn Kinder schon früh altersentsprechende Anregungen zur Entwicklung ihrer Sprachfähigkeit bekommen, wird auch die Intelligenz gefördert. Die Fähigkeit zu formulieren steht in engem Zusammenhang mit der Fähigkeit zu reflektieren.

große Chancen von seinen Mitmenschen richtig verstanden zu werden. Solange die Sprache undeutlich ist, hängt das Kind von der Interpretation seines Gegenübers ab, ob es richtig verstanden wird. Das Beherrschen der Sprache ermöglicht dem Kind, mit anderen selbstständig soziale Kontakte zu knüpfen und sein Erfahrungsfeld zu erweitern. Jedoch ist jeder Sprachdrill im Vorschulalter nutzlos. Die Kinder lernen spielerisch mit Freude und Lust. Singt und spricht der Erwachsene mit Liebe und Spaß dem Kind die kleinen Lieder und Fingerspiele vor, so versucht es mit der gleichen Begeisterung alles genauso nachzuahmen. Das große Geheimnis eines Erziehers ist, viele kleine Sprechverse, Reime und Lieder zu kennen und diese im geeigneten Moment einzusetzen.

Wenn Kinder Verse und Lieder immer wieder hören, fördert dies die Erweiterung des Wortschatzes, das Sprachverständnis, den Sprachfluss und auch die Artikulationsfähigkeit enorm. Außerdem trainieren Kinder gleichzeitig ihr Gedächtnis. Dies wirkt sich auf das spätere Lernen in der Schule auf alle Fälle positiv aus. Das Vorschulalter ist die intensivste Phase des Spracherwerbs. Hat es zunächst nur Wörter nachgesprochen, lernt es nun Wörter mit Inhalten zu verbinden, sein Sprachverständnis entwickelt sich.

Auch Sprache kann klingen und wie Musik gestaltet werden, indem Textteile voneinander abgehoben werden, indem laut mit leise abgewechselt, hohe mit tiefen Tönen und die Sprechgeschwindigkeit variiert wird. So entstehen Kontraste, Steigerungen und Dynamik.

Die Sprache entwickelt sich über das Gehör. Kinder, die ein Gefühl für Rhythmus entwickelt haben, verfügen meist über große sprachliche Ausdruckskraft.

Kinder lernen gleichzeitig, sich und ihre Gefühle über Sprache auszudrücken. Um rhythmische Verse zu sprechen und zu singen,
braucht man keine besondere Vorbereitung und keine besondere
Umgebung. Beim Fingernägelschneiden können Eltern ihre Kinder
ablenken, indem sie die ungeliebte Prozedur mit einem kleinen Vers
begleiten: »Zum Däumchen sag ich eins, ...«

Ob im Wartezimmer eines Arztes, am Rande einer Familienfeier
oder in einer anderen ganz alltäglichen Situation, die Verse und
Lieder sind überall einsetzbar. Und fast nebenbei unterstützen sie
die gesamte Entwicklung eines Kindes

Wiederholungen geben Sicherheit

Zugegeben, es kann schon sehr anstrengend sein, wenn der Bi-Ba-
Butzemann zum hundersten Mal durchs Haus tanzt, aber – wie
schon erwähnt – ist es eben diese Wiederholung, die einem Kind
zum sicheren Umgang mit seiner Stimme verhilft. Wenn Kinder ein
Lied oft genug gehört haben, werden sie es auch singen. Lieder aus-
wendig zu lernen, schult das Gedächtnis. Lieder zu kennen und je-
derzeit (mit-) singen zu können, gibt dem Kind Selbstsicherheit.
Wenn es das eingeübte Spiel oder Lied im Familienkreis, bei Festen
oder bei Feiern im Kindergarten vortragen darf, bekommt es einen
weiteren positiven Impuls für seine psychische Entwicklung. Das
Kind lernt, sich darzustellen, zu kontrollieren, abwarten zu können,
Unsicherheiten zu überwinden, sich dem Gruppengeschehen und
gegebenen Situationen anzupassen und im Mittelpunkt zu stehen.
Dadurch werden das Selbstbewusstsein, die Selbstsicherheit und die
Eigeneinschätzung stärker. Allerdings sollte man ein Kind niemals
dazu zwingen, ein Gedicht oder ein Lied vorzutragen. Jedes Kind
hat das Recht, selbst zu entscheiden, ob überhaupt und zu welchem
Zeitpunkt es das will. Denn für einen solchen »Auftritt« braucht ein
Kind bereits ein gewisses Maß an Selbstsicherheit. Erwachsene sollten Kindern Möglichkeiten bieten, sich zu präsentieren, allerdings
ohne große Erwartungshaltung.

Bei der Begegnung mit der Musik geht es nicht um vorzeigbare Ergebnisse, sondern um Neugierde, Offenheit, Phantasie und Beweglichkeit. Dann kann etwas Neues entstehen und die Musik wird spielerisch ins Leben mit einbezogen.

Alles, was tönt

Auch wenn noch nicht jeder Ton »sitzt« - Kinder haben Freude am Musizieren und entwickeln bald Beharrlichkeit beim Üben.

Wenn Sie sich bei Kniereiterversen und Schlafliedern mit dem Kind auf dem Arm bewegen, sollten Sie sich selbst Zeit geben, Ihren eigenen inneren Rhythmus zu entdecken. Das überträgt sich beruhigend auf das Kind.

Jedes Lied und jedes Musikstück ist geprägt von einem stetigen gleichmäßigem Puls, dem Grundschlag. Für das gemeinsame Musizieren ist es notwendig, dass alle Mitspieler dem Musikstück zu Grunde liegenden Grundschlag spüren, aufnehmen und wiedergeben können. Ein kleines Kind schlägt gern mit einem Spielzeug, einer Rassel, einem Löffel auf den Boden oder den Tisch. Es entdeckt, dass es diese Schläge wiederholen kann und hat Freude daran. Zunächst fängt es mit vier bis fünf regelmäßigen Schlägen an. Sobald sich seine Feinmotorik verbessert hat, beginnt das Kind innerhalb weniger Wochen mit mehreren ca. 20 gleichmäßigen Schlägen. Bei diesem täglichen Üben entwickelt sich beim Kind ganz langsam das Gefühl für seinen eigenen Grundschlag. Das Empfinden für unseren eigenen Grundschlag wird von unserem Pulsschlag bestimmt. Deshalb haben Kinder ein schnelleres Tempo als Erwachsene, und es fällt ihnen schwer, sich an ein langsames vorgegebenes Tempo anzupassen. Dies erklärt auch, warum sie lieber rennen als langsam gehen, lieber schnell trommeln als langsam. Für die musikalische Entwicklung ist es sinnvoll, das Kind in den ersten Lebensjahren an den Grundschlag der Musik heranzuführen, damit es lernt seinen inneren Grundschlag dem des Musikstückes anzupassen. Zunächst kann der Erwachsenen den Grundschlag eines Sprechverses oder Liedes für das Kind fühlbar machen, indem er es auf dem Schoß hält und im Grundschlag auf und ab wippt.

Diese Einheit zwischen Bewegen und Singen wirkt entweder anregend oder sehr beruhigend. In den ersten Lebensjahren befinden sich die Kinder im Nachahmungsalter und versuchen den Erwachsenen zu imitieren. Spielt dieser mit einfachen Instrumenten, wie Trommeln, Glöckchen, Rasseln, oder Klanghölzern, bemüht sich das Kind, dem Erwachsenen nachzuspielen. Für die Entwicklung des Grundschlagempfindens ist wichtig, dass der gesamte Körper einbezogen wird. Bei Bewegungsspielen nimmt das Kind den Grundschlag über das Tanzen und Singen auf. Es lernt unbewusst, rhythmisch zu sprechen und im Grundschlag zu klatschen. Je früher ein Kind mit Sprechversen, Liedern und einfachen Instrumenten in Kontakt kommt, um so vielfältiger und intensiver sind seine Erfahrungen. Es wird sicherer im Wahrnehmen des Grundschlages, kann ihn schneller aufnehmen und wiedergeben.

Und die Trommel schlägt den Takt

Eine Trommel bietet viele Möglichkeiten, Musik zu machen. Man kann sie entweder mit den Fingern, den Handflächen oder mit einem Schlägel spielen. Ist die Trommel selbst gebastelt, sind Kinder noch viel stärker motiviert zu spielen und zu experimentieren als bei einem gekauften Instrument. Lieder und Verse, die vom Regen erzählen, sind sehr gut geeignet für eine Begleitung auf der Trommel. Die Fingerkuppen ahmen die Regentropfen nach. Man kann in verschiedener Lautstärke und unterschiedlicher Dynamik spielen, je nachdem ob es nieselt oder stürmt.

Die beste Grundlage für alles weitere musikalische Tun, wie singen, sprechen und musizieren mit Instrumenten sind elementare musikalische Erlebnisse. Dazu gehört vor allem der Grundschlag, der mit dem Pulsschlag gekoppelt ist.

So wird eine Trommel gebaut

Material
- ◆ Bastelunterlage
- ◆ Malkittel
- ◆ Konservendose
- ◆ dickes Papprohr
- ◆ Luftballon
- ◆ stabiles Papier
- ◆ Wasserfarben
- ◆ Pinsel
- ◆ Schere
- ◆ Kleber
- ◆ Stifte

Ein klein wenig auf-
wändiger sind Trommeln
aus leeren Waschpulver-
trommeln, die mit
verschiedenem Material
bespannt werden,
z. B. Stoff, Pergament-
papier, Einmach- oder
Plastikfolie. Dazu gehören
dicke Pappröhren
als Schlägel.

So wird's gemacht
1. Sie entfernen den Deckel und den Boden einer Konservendose (auf scharfe Kanten achten).
2. Danach schneiden Sie ein Papier in der Größe der Dose aus und bemalen es mit Wasserfarben. Bereits kleine Kinder helfen gerne mit. Nach dem Trocknen bekleben Sie die Dose mit dem Papier.
3. Sie schneiden von einem Luftballon den Zipfel ab und spannen den Luftballon über die Dose. Fertig ist die Trommel !

Die Trommel kann mit der Hand oder dem Schlägel gespielt werden.

Variation
1. Sie bemalen einen Blumentopf aus Ton mit Plakafarben.
2. Nach dem Trocknen besprühen Sie ihn mit farblosem Lack.
3. Anschließend ziehen Sie einen Luftballon in entsprechender Größe über den Blumentopf.
4. Je nach Größer des Blumentopfs ergeben sich hellere oder dunklere Töne.

*Wie klingt denn das? Töne
lassen sich auf vielfältige Weise
erzeugen. Kinder lernen dabei,
Klanghöhe und Lautstärke
differenziert einzusetzen.*

Der Schlägel gehört dazu

Material
- dünner Rundholzstab
- Säge
- große Holzperle
- Klebstoff

So wird's gemacht
1. Sie sägen einen Rundholzstab auf ca. 20 Zentimeter Länge ab.
2. Eine Holzperle mit entsprechend großem Loch stecken Sie auf den Stab und kleben die Perle fest.

Sprechverse mit den Fingern trommeln

Wenn die Regentropfen

Wenn die Regentropfen auf die Trommel klopfen, klingt es so!	*Vers sprechen, auf die Trommel klopfen und zuhören.*
Wenn die Regentropfen auf den Boden klopfen, klingt es so!	*Vers sprechen, auf den Boden klopfen und zuhören.*
Wenn die Regentropfen auf die Beine klopfen, klingt es so!	*Vers sprechen, auf die Beine klopfen und zuhören.*

Besonderheit
Die Kinder üben das Spielen auf der Trommel und fördern ihre feinmotorischen Fähigkeiten.

Wie mit der Stimme spielen Kinder mit ihren Fingern. Das Regengeräusch entsteht durch Trommeln mit den Fingerspitzen, ein Auto, indem mit den Fingernägeln auf dem Tisch entlang geschabt wird. Die Finger sagen dasselbe wie die Stimme.

Draußen ist es ganz dunkel

Draußen ist es ganz dunkel,
es fängt leise an zu regnen,
es regnet stärker und stärker,
es donnert, es blitzt

Leise mit den Fingerkuppen trommeln,

lauter werden,
mit der Handfläche laut auf
die Trommel patschen, mit den
Fingern über die Trommel streichen,
die Hand hochheben, hinter
dem Rücken verstecken.

und alle Kinder
laufen schnell
nach Haus.

Wer eine Geschichte von galoppierenden Pferden erzählen möchte, muss klatschen und gleich darauf auf die Schenkel patschen. Das Geräusch von Feuer entsteht, wenn man Alufolie oder Papier knittert.

In einem alten Bauernhaus

In einem alten Bauernhaus
lief eine Maus in
die Speisekammer.

Die Finger trippeln leise
über die Trommel.

Dort fand sie ein großes
Stück Käse.
Sie schabte große Löcher
in den Käse.
Da kam eine Katze
angeschlichen,
die wollte die Maus fangen.

Die Fingernägel kratzen
über die Trommel.

Leise über die Trommel streichen.

Die Katze macht einen Satz
und die Maus lief schnell
ins Mauseloch.

Die Hand patscht mit Kraft
auf die Trommel.
Die Finger verstecken sich
hinter dem Rücken.

Besonderheit
Die Kinder machen Erfahrungen mit laut und leise, also mit dynamischen Veränderungen, und schulen die Feimotorik.

Regen, Regen, tropf

Regen, Regen, tropf, tropf, tropf.

Fällt auf meinen Kopf, Kopf, Kopf.

Fällt auf meine Hand, Hand, Hand.

Fällt aufs ganze Land, Land, Land.

*Die Fingerkuppen klopfen
auf die Trommel.
Die Fingerkuppen klopfen
auf den Kopf.
Die Fingerkuppen klopfen
auf die Hand.
Die Hand streicht
über die Trommel.*

Lieder zur Trommel

Es regnet

Tonart: D-Dur   *Volkslied*

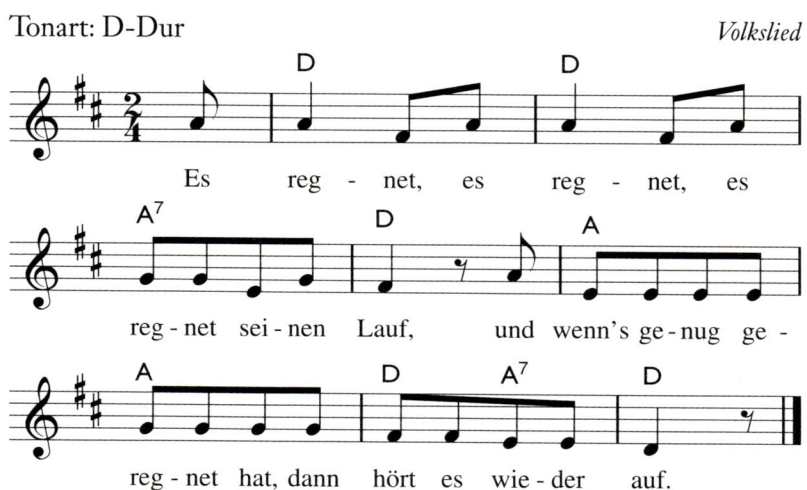

Es reg - net, es reg - net, es reg - net sei - nen Lauf, und wenn's ge - nug ge - reg - net hat, dann hört es wie - der auf.

Steht einmal keine Trommel zur Verfügung, ist die Tischplatte oder Fensterscheibe eine Alternative.

Das Lied singen und mit den Fingern auf der Trommel begleiten.

Besonderheit
Die Kinder üben, gleichzeitig zu singen und zu trommeln.

Graue Wolken

Tonart E – Moll   *Volkslied aus Rumänien*

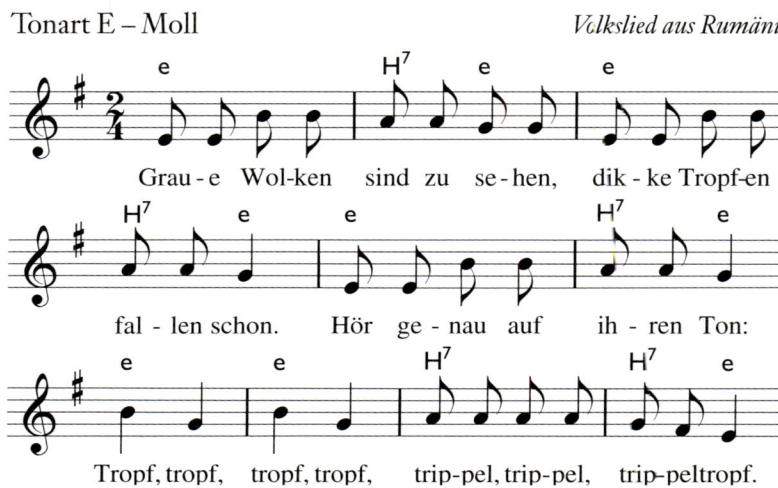

Grau - e Wol-ken sind zu se - hen,   dik - ke Tropf-en

fal - len schon.   Hör ge - nau auf   ih - ren Ton:

Tropf, tropf,   tropf, tropf,   trip-pel, trip-pel,   trip-peltropf.

Die Kinder singen, trommeln und versuchen ab »Tropf, Tropf«, den
Sprachrhythmus auf die Trommel zu übertragen.

Besonderheit
Die Kinder entwickeln Rhythmusgefühl und Feinmotorik.

Sprechverse mit dem Schlägel trommeln

Bei den folgenden Reimen benützen wir den Schlägel. Dadurch können wir besser Akzente setzen und genauer im Rhythmus spielen.

Risch rasch rusch

Anstatt der Holzperle
können auch andere
Kugeln auf den Stab des
Schlägels aufgesetzt
werden, z. B. aus Styropor,
aus viel Watte, ein
kleiner Tischtennisball,
ein Tennisball oder eine
kleine Glasmurmel.

Risch rasch rusch,   *Die Kinder trommeln im*
tip tap tusch,   *Sprachrhythmus.*
tippel tappel taus
und du bist draus.   *Bei » draus« den Schlägel hochheben.*

Rumpadepum

Rumpadepum, rumpadepum,
ei warum, ei warum
machen die Trommeln
so viel Gebrumm?
Die sind ja sooo dumm,
drum machen die Trommeln
so viel Gebrumm.

*Die Kinder trommeln im
Sprachrhythmus.
Bei »Die sind ja so« Schlägel
in die Luft halten.
Bei »dumm« schlagen wir
laut auf die Trommel.
Im Metrum trommeln.*

Ein einfaches Saiteninstrument zur Begleitung entsteht, wenn in den Deckel eines geschlossenen Kistchens ein Loch geschnitten, dann zwei Holzleisten aufgeleimt und darüber ein Nylonfaden gespannt wird.

Besonderheit
Genaues Zuhören, die Reaktionsfähigkeit und das Sprechen im Rhythmus werden geübt.

Lieder zur Trommel mit Schlägel

Was macht meine kleine Trommel?

Tonart: G – Dur

Kinderlied aus Mähren

Die Kinder singen das Lied und spielen bei »Bum ...« den Rhythmus auf der Trommel.

Trippel, Trappel

Tonart: D – Dur

Pierre van Hauwe

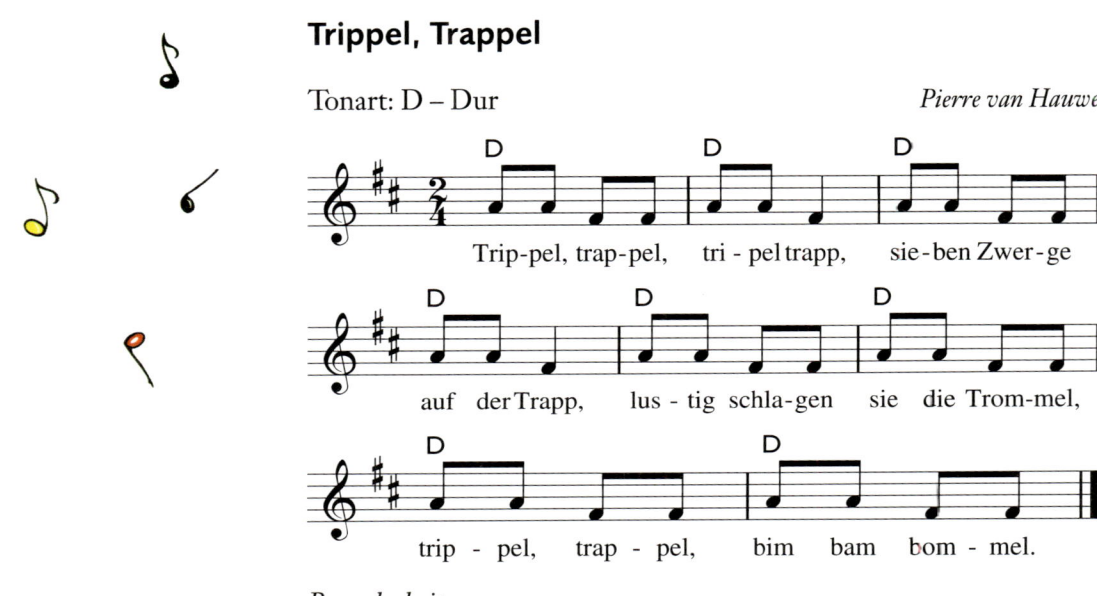

Trip-pel, trap-pel, tri - pel trapp, sie-ben Zwer-ge
auf der Trapp, lus - tig schla-gen sie die Trom-mel,
trip - pel, trap - pel, bim bam bom - mel.

Besonderheit
Einüben von rhythmischen und metrischen Motiven.

Billa Boo

Tonart: E – Moll

Weise aus Malaysia

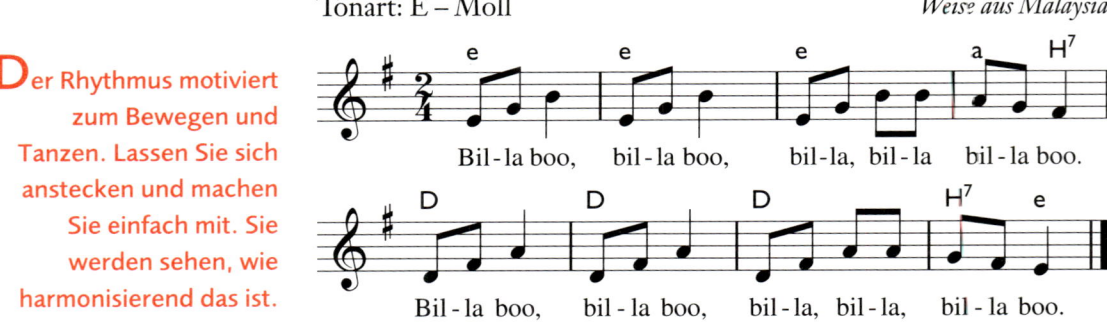

Bil-la boo, bil-la boo, bil-la, bil-la bil-la boo.
Bil - la boo, bil - la boo, bil - la, bil - la, bil - la boo.

Der Rhythmus motiviert zum Bewegen und Tanzen. Lassen Sie sich anstecken und machen Sie einfach mit. Sie werden sehen, wie harmonisierend das ist.

Die Kinder begleiten den Gesang mit der Trommel. Diese Melodie ist für europäische Ohren ungewohnt, aber sie hat einen beruhigen-den und ausgleichenden Charakter.

Bim Bam Bommel

Tonart: F – Dur   *Traditionelles Kinderlied*

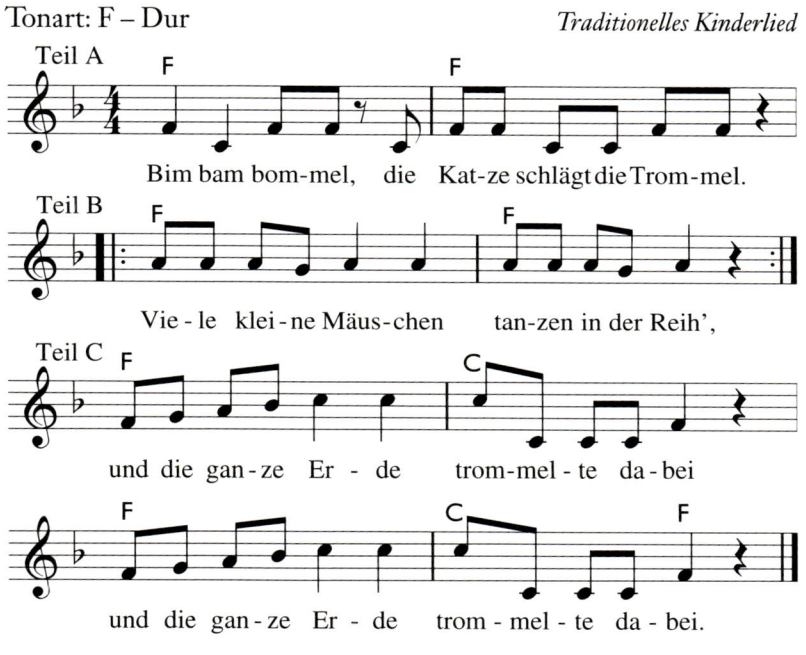

Die Trommel wird bei diesem Lied auf verschiedene Weise eingesetzt.

Teil A

Bim bam bom-mel, die Kat-ze schlägt die Trom-mel.

Teil B

Vie - le klei - ne Mäus-chen   tan-zen in der Reih',

Teil C

und die gan - ze Er - de   trom-mel - te da - bei

und die gan - ze Er - de   trom - mel - te da - bei.

2. Diedel dadel Diedel der Esel streicht die Fiedel
   Viele kleine Mäuschen tanzen in der Reih,
   Viele kleine Mäuschen tanzen in der Reih,
   und die ganze Erde donnerte dabei
   und die ganze Erde donnerte dabei.

Teil A: Trommeln im Metrum
Teil B: Leises Spielen im Rhythmus
Teil C: Mit dem Schlägel über die Trommel streichen,
         anschließend laut trommeln

Besonderheit
Die Kinder üben das unterschiedliche Begleiten eines Liedes und
schulen ihr musikalisches Gehör.

Musizieren mit Klanghölzern

Klanghölzer bieten die Möglichkeit, genau im Rhythmus zu spielen. Sie haben einen kurzen Klang und sind leicht zu handhaben. Kinder halten die Hölzer am Ende fest. Erwachsene legen ein Klangholz auf die hohle Hand, so daß ein Resonanzkörper entsteht. Mit dem anderen schlagen sie auf das Holz. Klanghölzer aus Palisander gibt es ab 20 Mark im Fachhandel. Man kann sie aber auch mit einfachen Mitteln selbst herstellen. Dazu benötigt man lediglich einen Holzstab. Für die Kinder ist es interessant, den Klang verschiedener Hölzer wie z.B. Buche und Bambus zu hören, oder auszuprobieren, wie Hölzer klingen, die sie im Wald oder am Strand finden.

Der Klang von Holz kann sehr unterschiedlich sein. Daraus wird dann ein richtiges Holz-Klang-Spür-Abenteuer in Küche, Speicher, Garten und Wald. Danach wissen alle, wie sich Holz anfühlt, wie es riecht und wie es klingt.

Bastelanleitung für Klanghölzer

Material
- ◆ Buchenholzrundstab
  (Durchmesser ca. 1,5 Zentimeter)
  oder Bambusstab
- ◆ Säge
- ◆ Schmirgelpapier

So wird's gemacht
1. Sägen Sie zwei Hölzer in ca. 20 Zentimeter Länge.
2. Um Verletzungsgefahr zu vermeiden, schmirgeln Sie die Enden ab. Nun können Sie die Klanghölzern aufeinander schlagen. Das Instrument ist fertig.

Grün, grün, grün

Tonart: G – Dur   *Aus Brandenburg*

Grün, grün, grün sind al - le mei - ne
Klei - der. Grün, grün, grün ist al - les, was ich
hab. Da - rum lieb ich
al - les, was so grün ist, weil mein
Schatz ein Jä - ger, Jä - ger ist.

Wer neu zur Gruppe dazukommt und vielleicht keine Klanghölzchen abbekommen hat, darf die Tätigkeiten, die im Lied beschrieben werden, pantomimisch ausführen. Aber natürlich im Takt!

2. Schwarz, schwarz, schwarz sind ...
   weil mein Schatz ein Schornsteinfeger ist.
3. Bunt, bunt, bunt sind ...
   weil mein Schatz ein Malermeister ist.
4. Blau, blau, blau sind...
   weil mein Schatz ein Handwerksmeister ist.

Die Kinder können noch weitere Strophen erfinden.
Alle singen das Lied und begleiten sich mit den Klanghölzern im
Metrum.

Aramsamsam

Tonart: F – Dur   *Volkstümlich*

Besonderheit
Bei diesem Spiel werden die Feinmotorik und Koordinationsfähigkeit sowie die Mundmotorik und Artikulationsfähigkeit geschult. Das verbessert Aussprache und Ausdrucksvermögen.

Bei Teil A begleiten die Kinder im Metrum. Bei Teil B halten sie die Klanghölzer waagrecht vor den Körper und drehen sie umeinander herum.

Große Uhren

Tonart: F-Dur   *Volkslied*

Gro - ße   Uh - ren ma - chen tick   tack,

tick tack. Klei - ne   Uh - ren ma-chen tik - ke tak - ke,

tik - ke tak - ke. Und die klei - nen Ta-schen - uh - ren

tik - ke tak - ke, tik - ke tak - ke,   tik - ke tak - ke, tik - ke tak - ke.

Hier sind alle »Uhren« wichtig, die großen und die kleinen. Am Anfang klappt es mit dem Takt vielleicht noch nicht so gut, aber schon bald haben alle den richtigen Schlag und Schwung heraus.

Die Kinder versuchen, das Lied im Rhythmus zu begleiten. Das ist bei diesem Lied besonders schwer, weil derselbe Text nacheinander in drei verschiedenen Rhythmen erscheint.
Es ist sinnvoll, das Lied zunächst über die Bewegung zu erfahren: Die Kinder pendeln von einem Bein auf das andere; lassen die Arme von einer auf die andere Seite schwingen und bewegen den Zeigefinger hin und her. Wenn für jeden Notenwert eine Bewegungsart eingeübt wird, kann der Körper den unterschiedlichen Rhythmus verinnerlichen.

Besonderheit
Das Gefühl für Veränderungen im Rhythmus und Feinmotorik werden geschult.

Auf unsrer Wiese gehet was

Tonart: G – Dur

Volkslied

Der Spaß an den Bewegungen zu einfachen Melodien wird noch verstärkt, wenn alle den Text gut kennen und aus vollem Halse unbefangen mitsingen können. Also das Lied besser oft wiederholen als zu schnell ein anderes anbieten.

2. Ihr denkt, es ist der Klapperstorch, watet durch die Sümpfe;
   er hat ein schwarzweiß Röcklein an, trägt auch rote Strümpfe;
   fängt die Frösche schnapp, schnapp, schnapp,
   klappert lustig klapper – di – klapp!
   Nein, es ist Frau Störchin!

Die Klanghölzer begleiten den Gesang. Ab »schnapp, schnapp...« bilden wir mit den Hölzern einen Storchenschnabel und klappen ihn im Rhythmus auf und zu.

Rasseln, tanzen, singen

Rasseln sind für Kinder meist die ersten Spielzeuge und Instrumente. Mit ihnen entdecken sie den Zusammenhang zwischen Geräusch und Bewegung. Aber Rasseln sind mehr als Babyspielzeug. Sie sind fester Bestandteil einer jeden Percussionsgruppe. Auch eine Rassel kann man selbst herstellen. Kinder helfen gerne bei dieser Klebe- und Malarbeit. Das fertige Instrument eignet sich gut, um Bewegung zu begleiten. Die Rassel lässt sich leicht in der Hand halten, und das Kind kann singend und rasselnd durch den Raum tanzen. Es entsteht ein Klang, der die Bewegungen in verschiedenen Tempi unterstützt.

Rasseln aus Zeitungspapier

Material
- Bastelunterlage
- Malkittel
- Glühbirne
- Zeitungspapier
- Kleister
- Farben
- Klarlack

Beliebte Rasseln sind auch hohle Styroporkugeln, die durch ein entsprechend großes Loch mit Sand, Steinchen, Reis oder Nudeln gefüllt werden können.
Auf dem Boden gerollt, ergeben sich sanfte Rasselgeräusche.

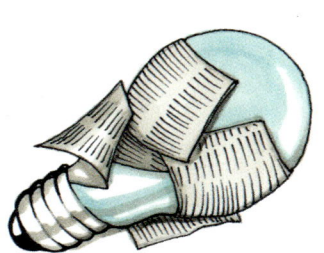

So wird's gemacht

1. Tapetenkleister mit Wasser anrühren und quellen lassen.

2. Nun reißen Sie Zeitungspapier in kleine Stücke, streichen die Glühbirne ganz mit Kleister ein und kleben die Zeitungsstücke um die Glühbirne. Diesen Vorgang wiederholen Sie mehrmals. Bei der letzten Lage nehmen Sie weißes Papier, das gut bemalt werden kann. Nun muss die Glühbirne ca. fünf Tage trocknen.

3. Danach bemalen Sie die beklebte Glühbirne mit Wasserfarben und besprühen sie mit Klarlack.

4. Anschließend schlagen Sie die Rassel auf einen harten Gegenstand, damit die Glühbirne zerspringt.

Lieder mit Rasselbegleitung

Wie beim Sprechen können Kinder natürlich auch beim Singen mit der Rassel im Raum herumgehen. Sie begleiten sich im Metrum und ahmen die vorgegebenen Bewegungen nach.

Ha Ha Ha die Kinder kommen

Tonart: C – Dur   *Mündlich überliefert*

Ha, ha, ha die Kin-der kom-men, Kin-der kom-men, Kin-der kom-men, ha, ha, ha die Kin-der kom-men, Kin-der sind schon da.

2. Ha, ha, ha, die Trampeltiere kommen,
Die Kinder stampfen
Trampeltiere kommen, Trampeltiere kommen,
auf den Boden.
ha, ha, ha, die Trampeltiere kommen,
Trampeltiere sind schon da.

3. Hi, hi, hi, die Katzen kommen,
Alle schleichen ganz leise.
Katzen kommen, Katzen kommen,
hi, hi, hi, die Katzen kommen,
Katzen sind schon da.

4. Wau, wau, wau, die Hunde kommen,
Alle springen wie die Hunde.
Hunde kommen, Hunde kommen,
wau, wau, wau, die Hunde kommen,
Hunde sind schon da.

Tiere dürfen laut sein, sich wild bewegen, hampeln und auch mal miteinander balgen. Tierbewegungen nachzuahmen befreit deshalb den Körper aus seinen Konventionen und weckt vitale Kräfte.

5. Piep, piep, piep, die Mäuschen kommen,
Alle sitzen am Boden
Mäuschen kommen, Mäuschen kommen,
und krabbeln mit den Händen
piep, piep, piep, die Mäuschen kommen,
über den Boden.
Mäuschen sind schon da.

Es können noch weitere Strophen erfunden werden. Die Bewegungen ergeben sich aus dem Text.

Besonderheit
Die Kinder lernen charakteristische Bewegungen zu den entsprechenden Tierlauten kennen und werden angeregt, eigene Ideen einzubringen.

Ich bin ein kleiner Esel

Tonart: F – Dur   *Mündlich überliefert*

Ich bin ein klei-ner E-sel und wan-dre durch die Welt. Ich wa-ckle mit dem Hin-ter-teil, so wie es mir ge-fällt. I-a, i-a, i-a, i-a, i-a.

Die Kinder gehen im Raum herum und rasseln zum Lied. Bei »I-a«
bleiben sie stehen und beugen den Oberkörper nach vorne.

Eine kleine Dickmadam

Tonart: D – Dur   *Überliefert*

Ei-ne klei-ne Dick-ma-dam fuhr mit ei-ner Ei-sen-bahn.
Ei-sen-bahn, die krach-te, Dick-ma-dam, die lach-te.

2. Holter, polter übern Stein,
   Wir gehen im Raum herum
   rollt ein kleines Wägelein,
   Wägelein, das krachte,
   und setzen uns auf den Boden.
   Dickmadam die lachte.

Besonderheit
Die Kinder lernen, die Bewegungen entsprechend des Liedinhaltes
durchzuführen.

Klingeling die Post ist da

Tonart D – Dur   *Überliefert*

Klin-ge-ling-ge-ling, die Post ist da,

klin-ge-lin-ge-ling aus Af-ri-ka. Al-lei-ne fah-ren

mag ich nicht, da nehm ich mir die Lu-i-sa mit.

Der Beruf des
Postboten ist für Kinder
besonders spannend.
Er trägt in seiner Tasche
lauter kleine Geheimnisse
mit sich herum,
auch einen Brief aus Afrika,
wo es Elefanten und
Löwen gibt. Er erfährt so
manches, was anderen
verborgen bleibt.

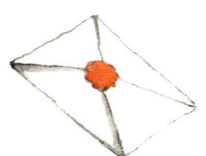

Ein Kind geht rasselnd durch den Raum und holt sich am Ende des
Liedes ein Kind seiner Wahl, das ihm folgt.

Besonderheit
Ein Kind kann sich in der Führungsposition üben und die anderen
müssen abwarten lernen.

Sprechverse mit Rasselbegleitung

Rolle, rolle ratat

Rolle, rolle ratat, rolle
wer ein Roller hat.
Rolle, rolle ratat, rolle
wer ein Roller hat.

Alle gehen im Raum herum,
sprechen den Vers
und rasseln im Metrum dazu.

Mein Roller

Mit Sprechversen gibt es wunderbare Improvisationsmöglichkeiten. Sie können im Kanon gesprochen werden, wozu dann ein Dirigent den Einsatz gibt, oder in verschiedener Ausdrucksweise und Betonung. Damit kann auch ein Ratespiel verbunden werden, denn die Verse sind nicht mehr so leicht wiederzuerkennen.

Mein Roller, ja mein Roller
mein Roller, ja mein Roller,
das ist ein lustig Ding.
Er saust mit Hollerpoller
durch alle Straßen hin.
Mein Roller, ja mein Roller,
der rollt nur immerzu,
erst wenn ich abends schlafe,
dann hat mein Roller Ruh.

Alle gehen im Raum herum,
sprechen den Vers und rasseln
im Metrum dazu.
Bei »Hollerpoller« beginnen wir
schneller zu gehen und zu rasseln.
Alle gehen im Raum herum,
sprechen den Vers und rasseln
im Metrum dazu.
Bei »Ruh« drücken wir
unsere Rassel an den Körper
und stehen still.

Tsch, tsch, tsch

Tsch, tsch, tsch, die Eisenbahn,
tsch, tsch, tsch, die kommt voran.
Tsch, tsch, tsch, wo fährt sie hin?
In die große Stadt Berlin.

Alle gehen im Raum herum,
sprechen den Vers und rasseln
im Metrum.

Das Xylophon – ein einfaches Instrument, mit dem Kinder ihre eigene Klangwelt entdecken können.

Unsre kleine Eisenbahn

Unsre kleine Eisenbahn,
fährt so schnell sie fahren kann.
Und die Kinder schrein »hurra«,
gleich sind wir bei Omama.

*Alle gehen im Raum herum,
sprechen den Vers
und rasseln im Metrum dazu.*

Ringel Ratze

Ringel, ringel, ratze,
wir schleichen wie die Katze,
kommt der Hund gelaufen,
rennt uns übern Haufen.

*Alle schleichen im Raum herum
und rasseln dazu.
Wir rasseln lauter und
beschleunigen das Tempo.*

Solche Verse kann man flüstern, murmeln, brüllen, stockend, lustig, traurig oder feierlich aussprechen, wenn das Gefühl für den Takt schon sicher ist. Dadurch wird auch die Atmung vertieft und die Artikulationsfähigkeit verbessert.

Besonderheit
Das rhythmische Sprechen von Versen fördert den Sprachfluss, das Erlernen von schwierigen Konsonanten und die Artikulationsfähigkeit. Die Koordination von Bewegung und Sprache macht die Veränderungen der Tempi und der Dynamik deutlich. Der Rhythmus bestimmt die Bewegung und die Sprache.

Die Glocke, die klingt leis'

Der Glockenklang ist Kindern vertraut. Sie kennen Kirchturm-
glocken, Weihnachtsglöckchen oder Glockenspiele. Selbst so zu
spielen, wie Glocken läuten, fasziniert Kinder. Lieder, die zart und
stimmungsvoll klingen, lassen sich gut mit selbst gebastelten
Glocken begleiten.

Gerade eine Glocke
ist für Kinder sehr
aufschlussreich,
was die Entstehung
von Klang- und
Schallphänomenen
angeht.

Eine Glocke selbst bauen

Material
- Bastelunterlage
- Malkittel
- Blumentopf aus Ton mit etwa 10 Zentimeter Durchmesser
- eine Holzperle von ca. 2,5 Zentimeter Durchmesser
- eine Holzperle von ca. 1,5 Zentimeter Durchmesser
- Plakafarben
- Pinsel
- Klarlack
- dicke Schnur

So wird's gemacht
1. Sie bemalen den Blumentopf mit Plakafarben.
2. Nun besprühen Sie die Glocke mit Klarlack und lassen sie gut
trocknen.
3. Sie ziehen die Schnur durch das Loch des Blumentopfes und knoten eine Schlaufe am oberen Ende zum Festhalten der Glocke.
4. Nun knoten Sie die kleine Perle unterhalb der Schlaufe so fest,
dass sie sich nicht verschieben kann.
5. Auf das herunterhängende Ende der Schnur fädeln Sie die größere Perle und schieben diese so weit zurück, dass sie im Blumentopf
verschwindet. Direkt unter ihr machen Sie einen Knoten in die
Schnur. Die restliche Schnur muss so lang herunterhängen, dass das
Kind damit den Klöppel gut anschlagen kann.

Ding, Dong

Tonart: D – Dur   *Volkslied*

Ding, dong, di - gi - di - gi - dong, di - gi - di - gi - ding, dang,

ding, dang, dong. Ding, dong, di - gi - di - gi - dong,

di - gi - di - gi - ding, dang, dong.

Wenn Kinder akustische Reize und Bewegungshandlungen miteinander verbinden, fördern sie dabei die so genannten sensomotorischen Fähigkeiten, aber auch andere Bereiche, wie beispielsweise den Gleichgewichtssinn.

Bruder Jakob

Tonart: F – Dur   *Kinderlied aus Frankreich*

Bru - der Ja - kob, Bru - der Ja - kob, schläfst du noch,

schläfst du noch? Hörst du nicht die Glo - cken,

hörst du nicht die Glo - cken? Ding, dang, dong, ding, dang, dong.

Den Text zu diesem Kinderlied gibt es auch auf französisch, englisch, italienisch, türkisch, dänisch und chinesisch. Aber wer mag, erfindet einen eigenen lustigen, unsinnigen Text. Wichtig ist nur, dass der Rhythmus stimmt.

Mal laut mal leise, mal schnell, mal langsamer – mit dem Glöckchen kann man viele Kinderlieder begleiten und auch zum Tanz aufspielen.

Hörst du die Glocken

Tonart: F – Dur   *Volkslied*

Manchmal ist es sinnvoll, die Kinder vor einem Lied mit Glockenbegleitung richtig toben zu lassen, damit der Körper locker wird. Denn nur dann stellt sich der richtige Rhythmus von selbst ein. Sind Schultern und Arme vom langen Sitzen in der Schule verspannt, ist alles blockiert.

F   C

Hörst   du   die   Glo - cken   da

F   C   F

o - ben   im   Turm?   Ding, dang, dong,

F   C   F

ding, dang, dong,   ding, ding, ding,   dong.

Besonderheit

Die Kinder schulen ihr musikalisches Gehör, und ihre Feinmotorik wird durch das akzentuierte Glockenspiel verbessert.

Bim Bam

Tonart: d – moll *Volkslied*

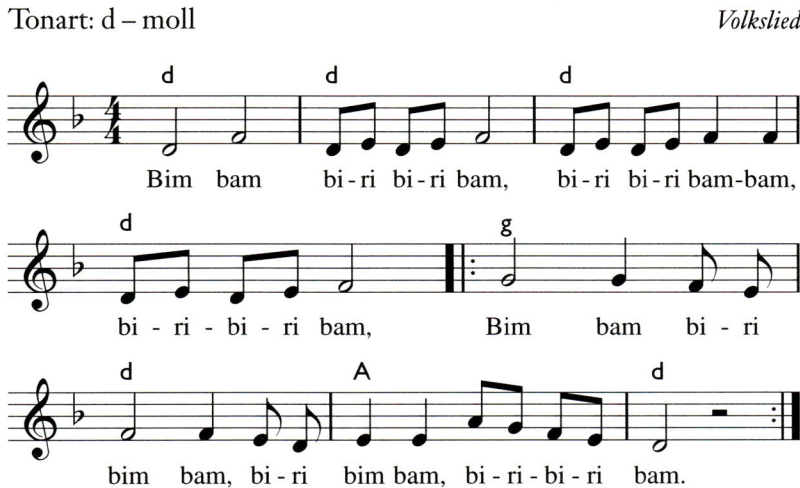

Bei diesem Lied können sich Kinder, die motorisch vielleicht noch etwas ungeschickt sind, die Körperbeherrschung mit einfachen Bewegungen Schritt für Schritt aneignen. Durch die Gleichförmigkeit des Ablaufs haben sie viel Zeit, um ungestört zu üben.

Besonderheit

Das Spielen mit der Glocke erfordert Handgeschicklichkeit und ist nicht leicht. Es ist sinnvoll, das Schwingen der Glocke zunächst in der Grobmotorik zu erfahren. Die Pendelbewegung des Klöppels kann im Hin- und Herschaukeln von einem auf das andere Bein erlebt werden, sowie im Schwingen der Arme von einer auf die andere Seite. Nach dieser körperlichen Erfahrung sind die Voraussetzungen für das Bewegen des Klöppels verbessert.

Spaß am Gestalten

Kinder basteln gerne. Geschicklichkeit und Phantasie werden dabei gleichermaßen herausgefordert.

Die Erfahrung mit Material, den spielerischen Umgang damit braucht ein Kind immer wieder, egal wie alt es ist. Es wird Ideen ausbauen, weiterführen und aus seinem Werkstoff das entstehen lassen, was ihm die Phantasie eingibt.

Kinder haben Freude am Basteln und Malen. Sie wollen produktiv sein und sind stolz auf ihre kleinen Werke. Kleinkinder beginnen zu malen oder zu kritzeln, zu kleben, zu reißen und mit der Schere umzugehen. Wichtig ist dabei nicht der ästhetische Aspekt des fertigen Produkts, sondern das Werken selbst. Der Weg ist das Ziel. Erwachsene haben oft das Bedürfnis, die Arbeiten der Kinder nach ihrem Wertmaßstab zu »verschönern«. Das kann aber zur Folge haben, dass die Kinder die Bastelarbeit nicht mehr als ihr Werk anerkennen und sich nicht darüber freuen. Wiederholen sich solch negative Erlebnisse, kann es dazu kommen, dass Kinder sich als Versager erleben und die Lust am Basteln verlieren. Die Aufgabe der Erwachsenen ist es, Kinder zum Werken, zum Malen und Basteln anzuregen, damit feinmotorische Fähigkeiten ausgebildet werden. Sie können ihr Werk voller Stolz vorzeigen, gewinnen an Selbstbewusstsein und Ichstärke. Die ästhetischen Kriterien Erwachsener sind dabei zweitrangig. Die folgenden Bastelanregungen sind mit einem Reim, einem Lied oder einer Spielidee verbunden. Somit hat das Kind die Möglichkeit, ein Lied oder Spiel auf verschiedene Weise zu gestalten. Es kann mit oder ohne Bastelarbeit singen, spielen, tanzen und immer wieder neue Ideen entwickeln.

Das eigene Werk

Bei den folgenden Bastelanleitungen sollten die Kinder möglichst viel selbst machen dürfen, je nachdem wie weit ihre Fertigkeiten ausgebildet sind. Größere Kinder können das meiste schon selbst basteln, kleinere Kinder brauchen stärkere Anleitung. Die Allerkleinsten beginnen damit, das Gebastelte anzumalen oder zu bekleben. Erwachsene sollten sich möglichst zurückhalten, Anregungen geben und hilfreich zur Seite stehen.

Wolken ziehen dahin

Schneewolken als Mobile

Material
- Weißer Karton DIN-A3
- Schere
- Wasserfarben / Wachsstifte
- Nylonfaden
- Stopfnadel
- Watte

So wird's gemacht

1. Übertragen Sie die unten abgebildete Schablone auf das Tonpapier, und schneiden Sie die Wolke aus.

2. Die Kinder bemalen die Wolke von beiden Seiten mit Wasserfarben, wobei sich die Kinder die Farbe aussuchen.

3. Schneiden Sie vier 50 Zentimeter lange Stücke von dem Nylonfaden ab, fädeln Sie in die Stopfnadel einen Nylonfaden und verknoten Sie diesen am Ende.

Für Kinder stehen sinnliche Erfahrungen im Vordergrund. Sie müssen alles anfassen, damit sie es verstehen. Basteln ist die ideale Beschäftigung, um die Umgebung unmittelbar kennenlernen zu können. Wie fühlt sich Papier an, wie verändert Farbe die Gegenstände, wie schwer ist Watte, und was macht der Wind mit einem Mobile?

Hängen Sie das Mobile übers Kinderbett: Babys sind fasziniert, wenn sich vor ihren Augen etwas bewegt, und für größere Kinder ist es die ideale Einschlafhilfe.

4. Zupfen Sie die Watte zu kleinen runden Kugeln, und ziehen Sie diese auf die Nadel. Nach jeder Wattekugel machen Sie einen Knoten, damit sie nicht herunter rutschen.

5. Anschließend binden Sie die Schneeflockenkette an das untere Ende der Wolke. Dies wiederholen Sie mit allen vier aufgefädelten Schneeflocken.

6. Zum Schluß befestigen Sie an den beiden oberen Ecken einen Faden, und hängen die Wolke an einen Zweig oder an der Decke auf.

Die Wolken können Sie in verschiedenen Größen gemeinsam mit ihrem Kind herstellen und das Zimmer schmücken.

Schneeflocken

Verfasser unbekannt

Es scheit hurra, es schneit!
Schneeflocken weit und breit!
Ein lustiges Gewimmel
kommt aus dem grauen Himmel.

Was ist das für ein Leben!
Sie tanzen und sie schweben.
Sie jagen sich und fliegen,
der Wind bläst vor Vergnügen.

Und nach der langen Reise,
da setzen sie sich leise
aufs Dach und auf die Straße
und frech dir auf die Nase.

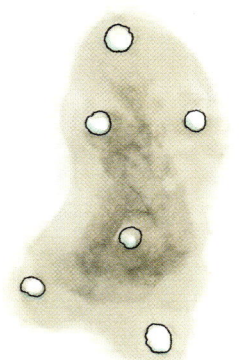

Wer einmal eine Schneeflocke unter einem Vergrößerungsglas betrachtet, wird sehr erstaunt sein. Wunderschöne zarte, weiße Sterne mit vielen Zacken und Spitzen kommen da zum Vorschein. Und kein Stern gleicht dem anderen.

Kalte Knödel fress' ich gern

Wer kennt den Schneeballfresser? Auf ein großes Kartonstück wird ein lustiges Gesicht gemalt und ein großes Loch als Mund geschnitten. Den Karton im Winter draußen aufhängen und Schneebälle in den Mund werfen. In der Wohnung wird mit großen Wattekugeln geworfen.

Schmetterlinge schaukeln im Wind

Schmetterling fürs Fingerspiel

Material
- Bastelunterlage
- Tonpapier
- Schere
- Stifte
- Klebstift
- Seidenpapier
- Pinsel
- 1 Pfeifenputzer
  30 Zentimeter lang
- Tonpapier DIN-A5
- Kleber
- Dosenöffner

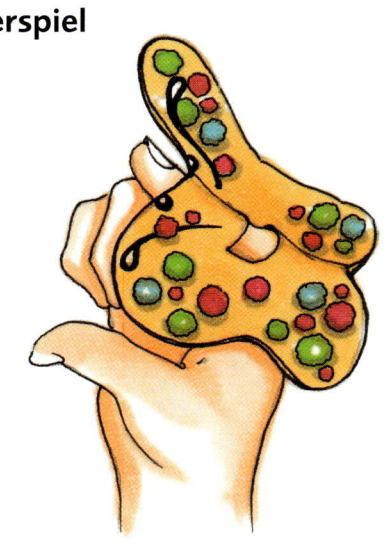

Sie wirken wie Wesen aus einer anderen Welt. Elfenzart und schwerelos tanzen sie über eine blühende Frühlingswiese und wiegen sich im Wind. Immer sind sie in Bewegung, schaukeln mal hierhin, mal dorthin.

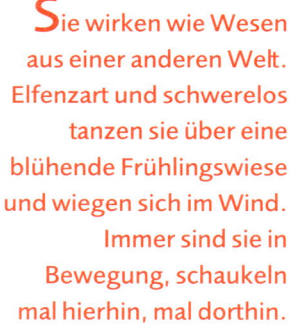

So wird' gemacht
1. Pausen Sie den Schmetterling auf S. 45 ab und schneiden ihn aus.
2. Sie falten den Schmetterling in der Mitte und schneiden zweimal ca. 1 Zentimeter lange Schlitze in das Papier, so dass das Kind seinen Zeigefinger durchstecken kann.
3. Sie reißen das Seidenpapier in kleine Stücke und knüllen es zu Kügelchen zusammen.
4. Anschließend streichen Sie den Schmetterling mit dem Klebstift ein und setzen die Kügelchen darauf.
4. Mit dem Stift malen wir Augen und Fühler darauf.

Spielidee
Den Schmetterling über den Zeigefinger streifen und mit ihm durch den Raum fliegen. Bei der zweiten Strophe sucht sich der Schmetterling immer wieder einen neuen Platz zum Ausruhen und fliegt dann zurück in sein ausgedachtes Haus.

Schmetterlingsvers

Doris Arnitz

Schmetterling mein Schmetterling
schaukelst, schaukelst leis im Wind,
schaukelst hin und schaukelst her
schaust wo noch etwas Futter wär.

Schmetterling mein Schmetterling
schaukelst, schaukelst leis im Wind,
ruhst dich auch mal gerne aus
und fliegst dann zurück nach Haus.

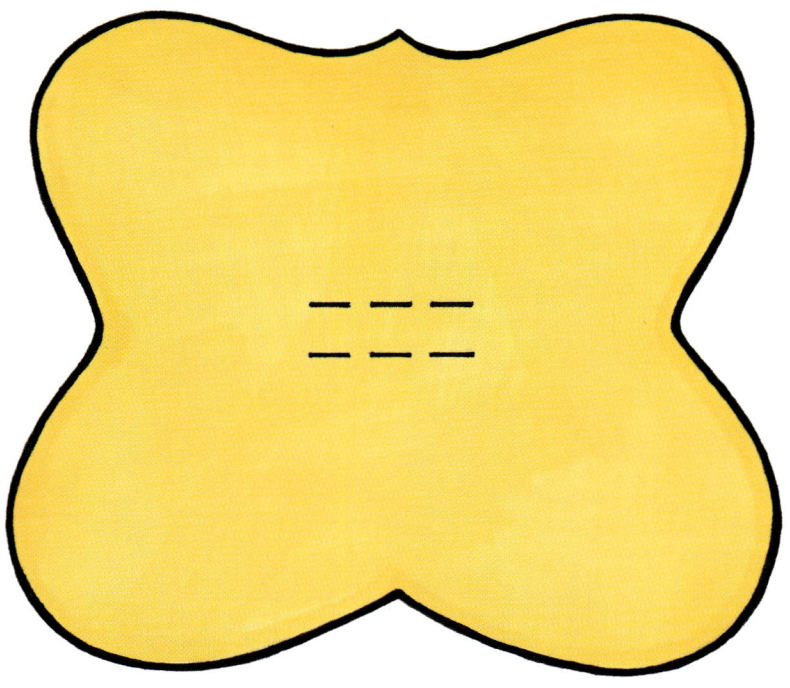

Schmetterling zur Dekoration

Material

- Pauspapier
- Bleistift
- Lineal
- 1 Klopapierrolle
- buntes Papier
- Wasserfarben
- Pinsel
- 1 Pfeifenputzer 30 Zentimeter lang
- Tonpapier DIN – A5
- Kleber
- Dosenöffner

Mit diesem schönen Schmetterling läßt sich gut das Fenster dekorieren oder Sie hängen mehrere bunte Schmetterlinge als Mobile an einen Ast. Dadurch werden die Kinder immer wieder an das Schmetterlingsspiel erinnert und sind motiviert das Lied zu singen und zu spielen.

Ausgesprochen gerne sitzen Schmetterlinge auf Blumen. In das Schmetterlingsmobile passen daher bunte Papierblumen besonders gut. Und wenn es frische Blumen gibt, bekommen die Schmetterlinge eine paar Blüten auf ihre Flügelchen.

So wird's gemacht

1. Sie nehmen buntes Papier und schneiden ein Rechteck in der Größe 10 x 18 Zentimeter aus. Anschließend bestreichen Sie die Klopapierrolle mit Kleber und befestigen das Papier um die Rolle.
2. Pausen Sie die Schmetterlingsvorlage auf S. 47 ab, übertragen sie auf das Tonpapier und schneiden sie aus.
3. Mit Wasserfarben bemalen Sie von beiden Seiten das Tonpapier und kleben es auf die Klopapierrolle.
4. Nun nehmen Sie den Dosenöffner und stanzen zwei Löcher für die Fühler und zwei Löcher für die Aufhängung ein.
5. Anschließend ziehen Sie Pfeifenputzer durch die Löcher.
6. Zum Schluss nehmen Sie die Schnur, fädeln sie längs durch die Klopapierrolle und knoten sie in beliebiger Länge zusammen.

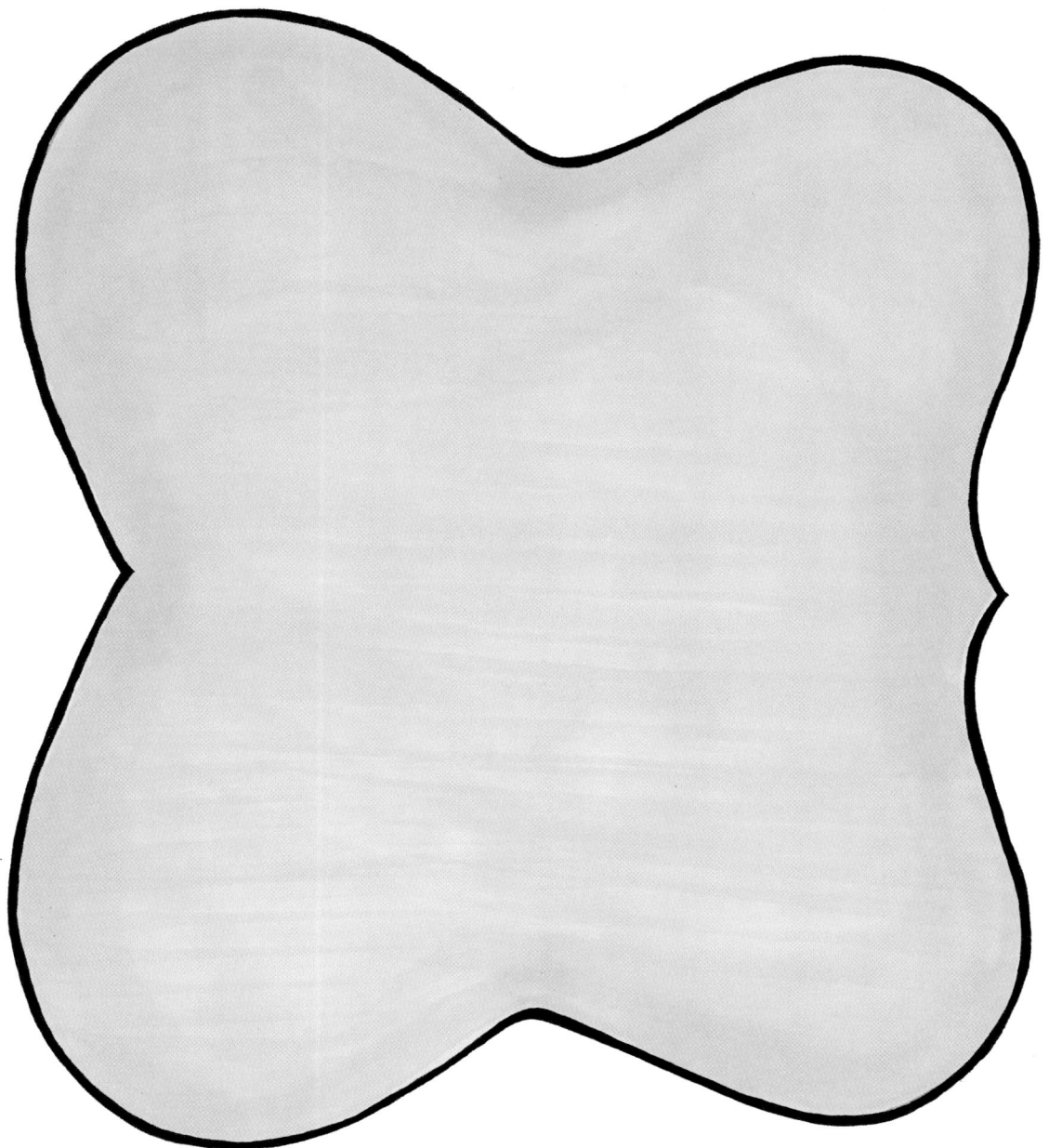

Schmetterling, du kleines Kind

Mündlich überliefert

Die Regeln dieses Spiels sind einfach, es braucht keine langen Erklärungen und kann deshalb je nach Größe der Gruppe oder nach Alter der Kinder variiert werden. Der Tanz fördert den Kontakt untereinander und stärkt das Gemeinschaftsgefühl. Auch ein Kind, das vielleicht ein wenig abseits steht, fühlt sich integriert, wenn es als Tanzpartner auserwählt wird.

Schmet - ter - ling, du klei - nes Ding,
such dir ei - ne Tän - ze - rin. Juch -
hei - ra - sa, juch - hei - ra - sa, oh, wie lus - tig tanzt man da,
lus - tig, lus - tig wie der Wind, wie ein klei - nes Blu - men - kind,
lus - tig, lus - tig wie der Wind, wie ein Blu - men - kind.

Spielidee
Ein Kind fliegt mit seinem Schmetterling durch den Raum. Bei der Textstelle »such dir« nimmt sich das Kind einen Partner und fliegt mit ihm gemeinsam durch den Raum.

Variation
Wir tanzen ohne Schmetterling zu dem Lied. Ein Kind tanzt als Schmetterling alleine durch die Welt, bei »such dir« wählt es sich eine Tänzerin und tanzt mit ihr zusammen. Die Zuschauer klatschen dazu.

Quak, der grüne Frosch

Frosch fürs Handspiel

Material
- Faltpapier ca. 20 x 20 Zentimeter
- Klebstift
- Stifte

Das Falten ist für Kinder noch sehr schwer, aber sie können ihren gefalteten Frosch anmalen. Somit wird er auch zu ihrem Werk.

So wird's gemacht

1. Sie falten ein Quadrat in der Mitte, klappen es auf und falten es nochmals von der anderen Seite und klappen es wieder auf.
2. Danach klappen Sie alle vier Ecken in die Mitte, so dass ein neues Quadrat entsteht. Wichtig: Dieses Quadrat wird nun umgedreht und von der Rückseite weiter bearbeitet.
3. Nun falten Sie die vier Ecken ebenfalls bis zur Mitte, ein neues Quadrat entsteht.
4. Wenn Sie dieses Quadrat noch einmal zur Hälfte falten, sehen Sie dass vier Ecken entstanden sind in die Sie mit beiden Zeigefingern und Daumen hineingreifen können.
5. Zum Schluss falten Sie alle vier Ecken nach innen und kleben sie fest.
6. Die Kinder können den Frosch bemalen und Augen und Zunge ankleben.

Der Frosch wird mit einer Hand gespielt. Zeigefinger, Mittelfinger, Daumen und kleiner Finger mit Ringfinger zusammen jeweils in eine Vertiefung stecken und den Mund des Frosches auf und zu machen.

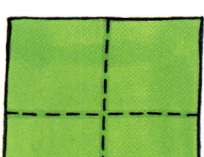

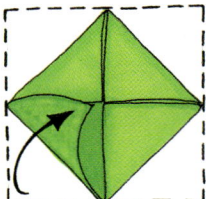

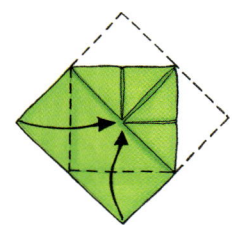

49

Der grüne Frosch

Mündlich überliefert

Hm hä macht der grüne Frosch am Teich,
hm hä macht der grüne Frosch am Teich,
hm hä macht der grüne Frosch am Teich,
anstatt quak quak quak quak quak.

Und die Fischlein singen
schubidubidei, schubidubidei, schubidubidei;
und die Fischlein singen
schubidubidei, schubidubidei, schubidubidei;
nur der kleine grüne Frosch macht immer nur
hm hä hm hä hm hä hä hä hä.

Spielidee
Die Kinder nehmen ihren Frosch in die Hand. Bei »hm hä« und »quak quak« öffnen und schließen sie das Maul des Frosches.

Besonderheit
Dieser Sprechvers erfordert sehr viel Mundmotorik und Artikulation. Der Sprachfluss wird angeregt.

Auch Frösche fühlen sich manchmal überhaupt nicht wohl, genauso wie kleine Kinder. Bei dieser Geschichte vom kranken Frosch dürfen Kinder so richtig mitleiden und können sein Quengeln und Quaken gut verstehen.

Der kranke Frosch

Überliefert

Denkt euch nur der Frosch ist krank,
liegt jetzt auf der Ofenbank.
Kann nicht mehr machen quak quak quak,
wie lange das noch dauern mag.

Spielidee
Die Kinder nehmen ihren Frosch, bei »quak...« öffnen und schließen sie das Maul.

Heut ist ein Fest

Volkslied

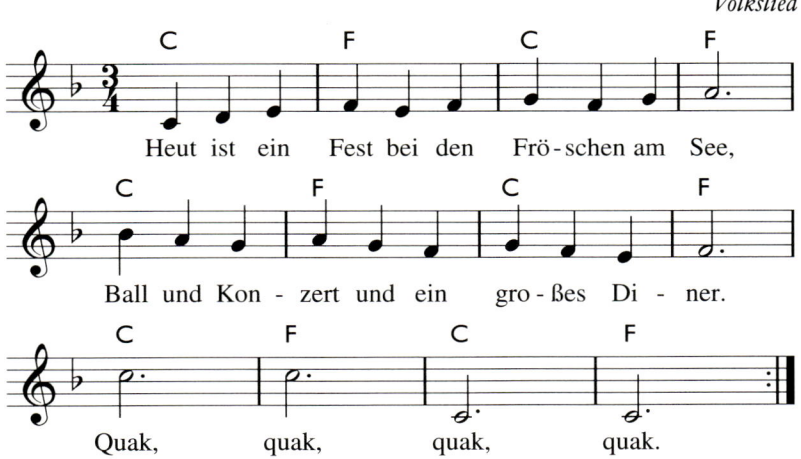

Heut ist ein Fest bei den Frö - schen am See,

Ball und Kon - zert und ein gro - ßes Di - ner.

Quak, quak, quak, quak.

Spielidee

Die Kinder nehmen ihren Frosch, bei »quak« öffnen und schließen sie das Maul. Um die Tonhöhe deutlich zu machen, wird das »Quak« entsprechend der Melodie hoch in die Luft gestreckten Armen oder tief auf dem Boden gespielt. Wer mag kann dabei auch noch in die Hocke gehen.

Bewegungs- und Tanzspiele bieten dem Kind nicht nur die Gelegenheit, sich zu entspannen und abzureagieren. Wenn nämlich die Gruppe zum Erlebnis und vielleicht auch zum Problem wird, können Spiele solcher Art wichtige Funktionen übernehmen.

Frosch fürs Puppenspiel

Material

- 1 grüne Kindersocke
- 1 Karton DIN-A 5
- Bleistift
- Schere
- Kleber
- 2 Knöpfe
- Stoffreste
- Filzreste

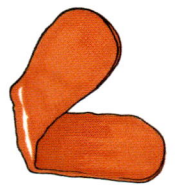

Dieser lustige Frosch kann als Geschenk für das Kind gebastelt werden. Es wird viel Freude daran haben, mit dem Frosch zu spielen, zu singen und zu tanzen.

So wird's gemacht
1. Sie stellen einen Kinderfuß auf den Karton, zeichnen den Umriß auf und schneiden ihn aus.
2. Nun falten Sie die Kartonsohle von der Längsseite, so dass in der Mitte ein Knick entsteht.
3. Danach drehen Sie die Socke nach links und kleben den Karton auf die Sohle der Socke. Nach dem Trocknen drehen Sie diese wieder um.
4. Jetzt drehen Sie die Socke um, und können mit der Hand in die Socke hineingreifen und das Maul bewegen.
5. Zum Schluss können Sie den Frosch nach Belieben verzieren. Zwei Knöpfe als Augen annähen oder den Kopf mit Filz bzw. Stoff bekleben. Schon ist das lustige Spieltier fertig.

Das Fröschlein

Überliefert

Das Spiel mit Puppen ist Jahrtausende alt und findet sich bei allen Völkern. Hatte es früher magisch, religiöse Bedeutung oder diente es dann zur Belustigung des Publikums, ist die Bedeutung im Bereich der Pädagogik heute unbestritten.

Spielidee

Die Kinder nehmen ihren Frosch, bei »quak« öffnen und schließen sie sein Maul. Eine erhöhte Koordinationsanforderung wäre zu hüpfen wie ein Frosch und dabei mit der Handpuppe zu quaken.
Nach den Worten „Gib Acht, dass er dir nicht entschlüpft" laufen alle wild durcheinander.

Wir Fröschelein

Überliefert

Wir Frö-sche-lein, wir Frö-sche-lein, wir

sind ein lus-tig Chor. Wir ha - ben, wir

ha - ben kein Schwänz-chen und kein Ohr. Quak,

quak, quak, quak, quak, quak, quak, quak, quak,

quak, quak, quak, quak, quak, quak, quak, quak, quak, quak,

quak, quak, quak, quak, quak, quak, quak, quak, quak.

Kinder können die rhythmische Bewegung unmittelbar auf die Puppe übertragen, sie verlieren Hemmungen, weil die Puppe im Zentrum der Aufmerksamkeit steht, und sie können den Ausdruck je nach ihrer Stimmung gestalten und bekommen das Ergebnis durch die Puppe unmittelbar vor Augen geführt.

Marienkäfer im Mai

Marienkäfer fürs Fingerspiel

Material
- Bastelunterlage
- Wachsmalstifte
- Wasserfarben
- Klebstift
- Malkittel
- Pinsel
- Tonpapier
- Schere

Papier ist aus unserem Alltag nicht mehr wegzudenken. Indem Kinder damit basteln, entdecken sie dieses Material. Sie erleben, wie Farbe auf Papier wirkt, wie es sich anfühlt, wenn es auf dem Finger steckt und wie es weich wird und die Form verliert, wenn der »Marienkäfer« vielleicht auch mal ins Wasser fällt.

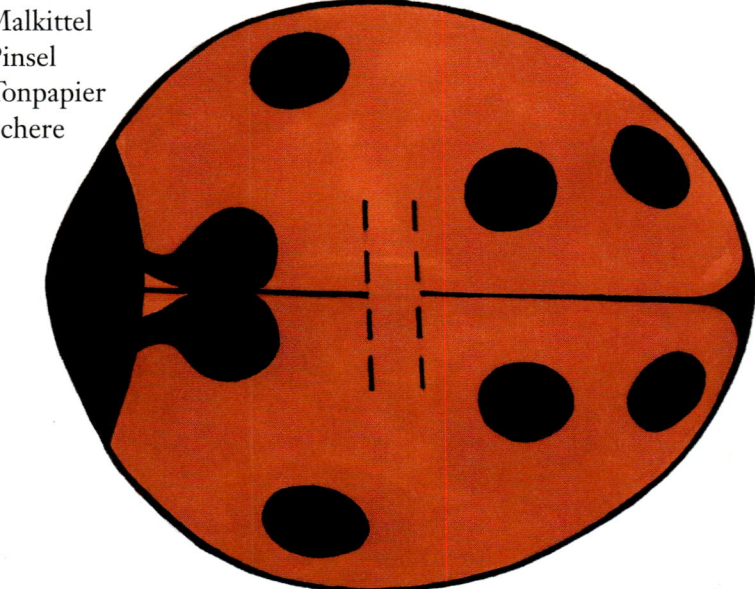

So wird's gemacht

1. Sie pausen die Schablone ab und schneiden einen Marienkäfer aus Tonpapier aus.

2. Mit Wasserfarben oder Wachsmalkreide bemalen die Kinder den Käfer.

3. Danach falten Sie den Käfer in der Mitte zusammen, schneiden zwei ca. 1 Zentimeter lange Schlitze in das Papier und stecken den Zeigefinger hindurch.

Kommt ein Käfer geflogen

Volkslied

Kommt ein Kä - fer ge - flo - gen, setzt sich

nie - der auf mein Hut, schwar - ze Punk - te auf dem

Rü - cken, ei die ste - hen ihm gut.

Spielidee
Der Käfer fliegt durch den Raum und setzt sich auf den Fuß, bzw. an die Wand, auf die Nase usw.

Marienkäfer als Tischdekoration

Material
- Bastelunterlage
- Malkittel
- Pinsel
- flache Kieselsteine
- Wasserfarben und Sprühlack

Machen Sie mit ihren Kindern einen Spaziergang, und suchen Sie gemeinsam flache Kieselsteine in verschiedenen Größen.

So wird's gemacht
1. Die Kinder bemalen die Steine bunt.
2. Nach dem Trocknen besprühen Sie die »Steinkäfer« mit Klarlack.

Aus Steinen können auch kleine Mäuse entstehen. Runde, längliche Steine werden gewaschen, getrocknet und dann weiß und grau bemalt. Mit schwarzen Filzstiften die Augen und ein Näschen malen und mit kurzen, schwarzen Wollfäden die Schnurrhaare kleben.

Der Sonnenkäfer

Überliefert

Von Anfang an bewegen sich Kinder. Sie strampeln, greifen und saugen. Später kommen dann andere Bewegungen hinzu, bis sie dann krabbeln, laufen, hüpfen und später tanzen können. Auf diese Weise nehmen sie ihre Umwelt wahr und tauschen sich damit aus. Die Selbsteinschätzung wird dadurch verbessert.

Erst kommt der Son-nen-kä-fer-pa-pa,
dann kommt die Son-nen-kä-fer-ma-ma und
hin-ter-drein ganz kli-tze-klein die
Son-nen-kä-fer-kin-der-lein und hin-ter-drein ganz
kli-tze-klein die Son-nen-kä-fer-kin-der-lein.

2. Sie haben rote Röcklein an,
   mit vielen schwarzen Knöpfen dran.
   Sie machen ihren Sonntagsgang
   auf unsrer Gartenbank entlang.

   Die Käfer fliegen durch
   die Luft und krabbeln den
   Stuhl entlang.

3. Jetzt wolln sie auf die Wiese gehn
   und all die schönen Blumen sehn.
   Sie tanzen lustig Ringelrein
   zuerst allein und dann zu zwein.

   Die Käfer fliegen
   durch Raum
   und tanzen zusammen
   mit einem Freund.

4. Nun muss das Spiel zu Ende sein,
   denn müde sind die Käferlein.
   Sie breiten ihre Flügel aus und
   und fliegen alle schnell nach Haus.

*Die Käfer fliegen
in ihr erdachtes Haus.*

Besonderheit
Dieses Lied kann mit dem Käfer auf dem Tisch oder als grobmotorisches Spiel im Raum gemacht werden.

Hasen hoppeln über Wiesen

Hase fürs Fingerspiel

Material
• Bastelunterlage
• starkes Tonpapier
• Wachsmalstifte
• Schere

Dieser Hase ist schnell herzustellen, und die Kinder können ihn nach Belieben verzieren.

Indem Kinder die Bewegung der Puppe, also des Hasen, koordinieren achten sie verstärkt auf die eigene Koordination. Der Hase verdeutlicht den Rhythmus, wird zum Leben erweckt und ein richtiger Spielpartner, der die Wünsche der kleinen Puppenspieler ausdrückt.

So wird's gemacht
1. Sie pausen die Schablone ab und zeichnen sie auf das Tonpapier.
2. Nun schneiden Sie den Hasen sowie die zwei Löcher für die Zeige- und Mittelfinger des Kindes aus.
3. Die Kinder bemalen den Hasen nach Belieben und schon können sie ihren Hasen hüpfen lassen.
Dazu stecken sie den Zeigefinger und den Mittelfinger jeweils durch ein Loch.

Häslein in der Grube

Überliefert

Häs-lein in der Gru-be saß und schlief,

saß und schlief. Ar-mes Häs-chen

bist du krank, dass du nicht mehr hüp-fen kannst?

Häs-lein hüpf! Häs-lein hüpf! Häs-lein hüpf!

Und noch eine Variation:
Ein Kind wird als
»Häschen« auserwählt.
Bei den Worten »Häslein
hüpf« öffnet es die Augen
und hoppelt auf einen
Mitspieler zu. Der darf
dann das Häslein sein.

Spielidee
Die Kinder legen ihren Hasen auf den Boden, bei »Haslein hüpf«
hüpft der Hase los.

Osterhäschen

Lange Ohren Schnuppernäschen,
ist das nicht das Osterhäschen?
Hüpf die hüpf die hüpf,
kommt es übers Gras gehüpft.
Bringt uns Ostereier hübsch und fein
für die lieben Kinderlein.

Spielidee
Das Osterhäschen hüpft zu dem gesprochenen Vers in die Luft.

Ein Hase als Eierbecher

Material
- Bastelunterlage
- Bleistift
- Lineal
- Kleber
- Tonkarton DIN-A 5

So wird's gemacht

1. Sie zeichnen ein 16 Zentimeter langen und 3 Zentimeter breiten Papierstreifen auf und schneiden ihn aus.
2. Die Hasenohren pausen Sie ab und übertragen sie auf Tonkarton. Anschließend schneiden Sie die Ohren aus.
3. Die Ohren und die Kartonstreifen nach Belieben bemalen.
4. Auf die Vorderseite des Papierstreifens zeichnen Sie ein Gesicht.
5. Den Kartonstreifen kleben Sie so zusammen, dass ein Ei darauf gestellt werden kann.
6. An der Rückseite kleben Sie die Ohren fest und verstärken die Klebestellen mit Büroklammern, bis sie getrocknet sind.

Die Kinder sind stolz auf ihre kleinen Werke und singen gern die Osterlieder.

Hand in Hand
im Kreis herum

Beim Tanz knüpfen Kinder zwanglos soziale Kontakte und lernen, ihre Bewegungen zu koordinieren.

Musik und rhythmische Begleitung fordern ein Kind zur spontanen Bewegung auf: Es wippt mit dem Körper auf und ab, klatscht in die Hände, lässt sich in seinen Bewegungen durch den Rhythmus leiten und drückt ihn körperlich aus. Musikalische Eindrücke agieren vor allem jüngere Kinder ganz unbefangen aus.

»Brüderchen, komm tanz mit mir« kennt fast jeder aus seiner eigenen Kindergartenzeit, und Sommer für Sommer lernen neue Generationen von Griechenlandurlaubern einen Sirtaki zu tanzen. Schon immer haben sich Menschen in verschiedenen Kulturen zusammen gefunden, um miteinander zu tanzen und zu singen.

Dabei ist der ganze Mensch beteiligt, vom Kopf bis zu den Füßen. Der Erwachsene ist für die Kinder jeden Alters immer Vorbild. Er sollte seine kindlichen Anteile in sich beleben und mit Freude singen und tanzen, auch wenn es ein bisschen Überwindung kostet. Die meisten Tanz- und Kreisspiele können auch zu zweit gespielt werden. Wie oft fragt das Kind: »Spielst du mit mir?« Ja, warum eigentlich nicht? Zweimal »Ringel, ringel, Rose« getanzt, und schon übt sich das Kind im Singen, Hüpfen und Gehen im Grundschlag. Das macht Spaß und belebt Erwachsene und Kinder. Dazu ist nur ein bisschen Platz notwendig, sonst nichts.

Von Generation zu Generation

Kreis- und Tanzspiele sind meist mündlich überliefert. Mit der Zeit haben sich deshalb einige Melodien und Tanzspiele verändert. Das Singen in verschiedenen Dialekten hat dazu beigetragen, dass manche Wörter nicht verstanden und mit neuen Texten ergänzt wurden. So gibt es Tänze in mehreren Varianten die einen gemeinsamen Ursprung haben, z. B. »Witte, witte, witt, mein Mann ist kommen«. Sie erzählen oft von Alltagssituationen und Erfahrungen der Menschen. Viele Tänze wurden im letzten oder Anfang dieses Jahrhunderts aufgeschrieben. Kreisspiele drücken meist Lebensfreude aus, sind zeitlos wie Sagen und Märchen. Sie motivieren zum Bewegen,

Singen und Tanzen. Kreisspiele befriedigen das Bedürfnis des Kindes nach Bewegung, Musik und Spiel. Sie sind weder modern noch veraltet. Der Kreis ist ein Symbol für Geborgenheit und Urvertrauen. Bereits in den ersten Kinderzeichnungen lassen sich kreisförmige Gebilde erkennen. Dem Kind ist diese Raumform vom Mutterleib vertraut. Der Kreis gibt dem Menschen Sicherheit, und er erlebt sich als Teil von einem Ganzen, dem geschlossenen Kreis. Wenn wir im Kreis stehen, können wir mit allen Teilnehmern Blickkontakt aufnehmen. Gleichzeitig sehen wir alle auf eine Mitte. Bei einigen Kreisspielen gibt es einen Solisten, der in der Mitte steht. Alle Tänzer sehen den Solisten. Er steht im Mittelpunkt und erhält alle Aufmerksamkeit. Dies stärkt sein Selbstbewusstsein und sein Selbstwertgefühl.

In Beziehung treten

Manche Kinder wollen nur ihre Bezugsperson oder nur ein bestimmtes Kind anfassen. Das sollte man ihnen auf alle Fälle zugestehen. Wenn sich ein Kind dann innerlich sicherer und in der Gruppe angenommen fühlt, reicht es erfahrungsgemäß auch anderen Personen die Hand. Für das emotionale Erleben sind Kreisspiele eine große Bereicherung. Kinder freuen sich am gemeinsamen Tanzen und spüren sich mit anderen Menschen verbunden. Sie machen Erfahrungen mit körperlicher Nähe und vertrauen sich gegenseitig. Auf subtile Art und Weise entwickelt sich ein Gruppenbewusstsein. Kinder lernen, sich nach Melodie und Rhythmus zu bewegen. Indem sie Hände, Arme, Beine und Kopf einsetzen, wird die Koordinationsfähigkeit gefördert. Kinder erfahren ihre Stimme und ihren Körper. Sie entdecken den Raum und lernen, sich darin zu orientieren. Mit Tanz- und Kreisspielen können Feste belebt und gestaltet werden. Kinder und Erwachsene treten auf spielerische Weise in Kontakt und haben Freude am gemeinsamen Singen und Tanzen. Das lebendige und freudige Vortanzen motiviert viele Zuschauer zum Mitklatschen und Mittanzen.

Spiele, Lieder und Verse, die im Kreis gespielt werden, sind lange Zeit von Generation zu Generation mündlich weitergegeben worden. Heute sind sie ein wenig in Vergessenheit geraten. Häufig fehlt auch der Platz im Freien dazu. Dabei ist eine gute Bewegungskoordination die Grundlage für ein seelisches und geistiges Gleichgewicht.

Tanzspiele

Die folgenden Tanzlieder tanzt eine Gruppe in der Schlange oder paarweise. Für Kinder, die sich nicht gerne im Kreis anfassen lassen, ist dies zunächst eine geeignete Form, durch den Raum zu tanzen und zu singen. Sind die Kinder mit der Gruppe und dem Raum vertraut, gewinnen sie Freude daran, sich mit anderen Kindern und Erwachsenen im Kreis zu bewegen.

Die Reise geht nach Hottentotten

Tonart: D – Dur   *Aus Norddeutschland*

Die Rei - se geht nach Hot - ten - tot-ten; von
Hot - ten - tot - ten nach Bre - men, der
Letz - te, der bleibt ste - hen.

Alle fassen sich an und gehen als Schlange durch den Raum.
Bei »der Letzte« bleibt das letzte Kind mit seinem Erwachsenem stehen (An Stelle von »der Letzte« singen die Kinder den Namen des letzten Kindes in der Schlange.) Dies wird so lange fortgeführt, bis alle stehen. Die Schlange kann auf dieselbe Art wieder aufgebaut werden.

Besonderheit
Förderung der Raumwahrnehmung und des Raumbewusstseins.

Ri-ra-rutsch-ka-ka

Tonart: D – Dur   *Volkslied*

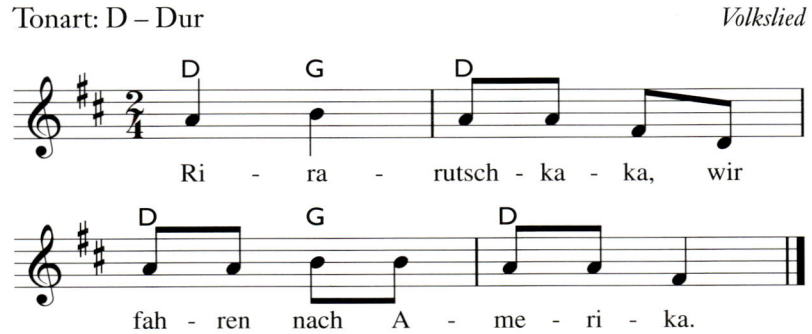

Ri - ra - rutsch - ka - ka, wir

fah - ren nach A - me - ri - ka.

2. Sprechen: Und wenn das große Wasser kommt,
dann kehrn wir wieder um.

Wir stellen uns paarweise mit Kreuzfassung auf, singen das Lied,
bleiben stehen, sprechen, und bei »und wenn das…« drehen wir uns
um und gehen singend in die Gegenrichtung.

Mit diesem Kettenspiel
werden Richtungswechsel
und Raumwahrnehmung
geübt. Außerdem
bekommen Kinder, die oft
lange Zeit in der Schule
stillsitzen müssen, mit
solchen Spielen die
Gelegenheit, so richtig
durchs ganze Haus oder
den Garten zu laufen.

Lange Reihe

Tonart: C – Dur   *Volkslied*

Lan - ge, lan - ge Rei - he, oh, wie schön;

komm, wir wolln durch den Raum jetzt gehn.

Besonderheit
Mit diesem Lied können die Kinder den Raum oder ein ganzes Haus
kennen- und wahrnehmen lernen.

Richtungswechsel und
Raumwahrnehmung
werden geübt.

65

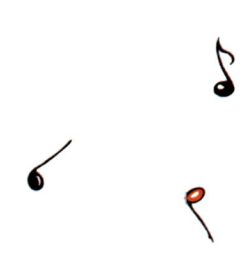

Wir stellen uns als große Schlange auf und gehen durch den Raum.

Variante
An Stelle eines Erwachsenen führt ein Kind die Schlange an.

Ri-ra-rutsch

Tonart: D- Dur

Aus Dortmund

Variationen:
Bei der Textstelle »Wir fahren mit der Kutsch'« laufen die Kinder wie kleine Pferdchen und bei »Wir fahren mit der Schneckenpost« gehen sie natürlich ganz, ganz langsam. Dabei ändert sich auch die Atmung.

Die Paare (Erwachsener und Kind) gehen mit Kreuzfassung auf der Kreisbahn. Bei »Kutsch« drehen sich beide blitzschnell um, ohne die Hände zu lösen und tanzen in die Gegenrichtung.

Besonderheit
Richtungswechsel und Raumwahrnehmung sowie Reaktionsfähigkeit werden geübt.

Brüderchen, komm tanz mit mir

Tonart: F – Dur   *Volkslied*

Brü - der - chen, komm tanz mit mir.

Bei - de Hän - de reich ich dir. Ein - mal hin,

ein - mal her, rund - he - rum, das ist nicht schwer.

Variation: Die Paare sehen sich an, winken sich bei den ersten vier Takten zu, dann fassen sie sich an den Händen, gehen nach rechts, nach links und drehen sich am Schluss im Kreis.

2. Mit den Händen klatsch, klatsch, klatsch.
   Mit den Füßen patsch, patsch, patsch.
   Einmal hin, einmal her, rundherum,
   das ist nicht schwer.
3. Mit dem Köpfchen nick, nick, nick,
   Mit dem Fingerchen tick, tick, tick.
   Einmal hin, einmal her, rundherum,
   das ist nicht schwer.

Die Paare fassen sich an den Händen und tanzen im Kreis. Beim Refrain machen sie einen Seitanstellschritt nach rechts und nach links, lösen die Hände und drehen sich im Kreis um die eigene Achse. Die Bewegungen zu den anderen Strophen ergeben sich aus dem Text.

Besonderheit
Koordinationsfähigkeit, Raumbewusstsein, Körperwahrnehmung werden geschult.

Hoch am Himmel

Tonart: F – Dur   *Mündlich überliefert*

Hoch am Him - mel, tief auf der Er - de,

üb - er - all ist Son - nen-schein. Wenn ich nur kein

Kind - lein wä - re, würd ich gern ein Schäf-lein sein.

2. Die ganze Melodie wird auf »mäh, mäh« gesungen.
3. … – möcht ich gern eine Katze sein.
4. Miau, miau, miau …
5. … möcht ich gern ein Bienchen sein.
6. Summ, summ, summ …

Es können noch beliebig viele Strophen ergänzt werden.

Wenn sich die Kinder zu diesem Lied durch den Raum bewegen, bekommen sie ein Bewusstsein für den eigenen Standpunkt darin. Das Nachahmen der Tiere regt die körperliche Phantasie zur Pantomime an, und die Feinmotorik wird geübt.

Alle stehen verteilt im Raum,
bei »Hoch am Himmel«   *Auf Zehenspitzen stehen und strecken;*
bei »tief auf der Erde«   *in die Hocke gehen, Hände streichen*
                              über den Boden;

bei »überall ist   *aufstehen und einen großen Kreis*
Sonnenschein«   *in die Luft zeichnen;*
bei »wenn ich nur   *Arme überkreuz*
kein Kindlein.«   *vor den Körper halten;*
bei »würd ich gern …   *die Kinder krabbeln als*
ein »Schäflein«   *Schäfchen im Raum herum.*
Alle bewegen sich wie das besungene Tier frei im Raum.

Besonderheit

Das Kind macht Erfahrungen mit den Begriffen »hoch« und »tief«.
Es lernt verschiedene Tierstimmen und Bewegungsarten kennen.
Außerdem kann es seine Ideen einbringen und Tiere nachahmen.
Die Kreativität wird gefördert.

Kreisspiele

Die folgenden Kreisspiele haben als Ausgangsform den Stirnkreis,
d. h. alle Personen schauen zur Kreismitte. Kinder und Erwachsene
fassen sich an und gehen auf der Kreisbahn. Dazu werden folgende
Lieder gesungen und gespielt.

Auf der Donau bin ich g'fahre

Tonart: F – Dur

Aus Schwaben

Auf der Do - nau bin ich g'fah - re, hab ein
Schiff - lein ge - sehn, und das Schiff - lein heißt Lu -
i - sa, und Lu - i - sa darf sich drehn.

Spielen macht allen Kindern Spaß, warum nicht auch den Großen. Machen Sie doch einfach mal mit. Sie werden erstaunt sein, wie schnell Sie Ihre kindlichen Seiten wiederentdecken und wieviel Vergnügen es macht, sie auszuleben.

Wir gehen auf der Kreisbahn mit Blick zur Kreismitte. Das ge-
nannte Kind darf sich umdrehen und mit Blick nach außen weiter-
gehen. Das Lied wird sooft gesungen, bis sich alle Kinder umgedreht haben.

Besonderheit
Das Kind lernt, den Raum aus verschiedenen Perspektiven wahrzunehmen.

Tanz mit mir

Tonart: D – Dur   *Volkslied*

2. Hüpf mit mir, hüpf mit mir …
   mit mir auch, mit mir auch …
3. Klatsch mit mir …
   mit mir auch, mit mir auch …
4. Schleich mit mir …
   mit mir auch, mit mir auch …
5. Lauf mit mir …
   mit mir auch, mit mir auch …

Weitere Strophen können erfunden werden.

Wir gehen im Kreis in Tanzrichtung. Die Bewegungen ergeben sich aus dem Text.

Besonderheit
Die Kreativität des Kindes wird angeregt, immer neue Bewegungen und Gesten zu erfinden.

Teddybär dreht sich um

Tonart: D – Dur   *Volkslied*

Ted-dy-bär, Ted-dy-bär, dreht sich um.

Ted-dy-bär, Ted-dy-bär, macht sich krumm.

Ted-dy-bär, Ted-dy-bär, hebt ein Bein.

Ted-dy-bär, Ted-dy-bär, das ist fein.

Ein Bär ist ein tapsiger, freundlich brummender Geselle, mit dem sich Kinder gerne identifizieren.

Wir gehen im Kreis, die Bewegungen ergeben sich aus dem Text: Alle drehen sich um sich selbst, bücken sich und heben zuerst das rechte und dann das linke Bein.

Besonderheit
Das Kind wird angeregt, auf einem Bein zu stehen und das Gleichgewicht zu schulen.

Seht her, das Tanzen ist nicht schwer

Tonart: D – Dur

Überliefert

Seht her, seht her, das Tan-zen ist nicht

schwer, seht her, seht her, das Tan-zen ist nicht

schwer. Jetzt geht es im - mer hopp hopp hopp, wir

tan - zen al - le im Ga - lopp, seht her, seht

her, das Tan - zen ist nicht schwer.

Wenn die Kinder schon etwas größer sind, können sie solche Lieder in ein selbstgebasteltes Liederbuch schreiben und malen. Am Anfang braucht es noch die Hilfe der Erwachsenen, um die Melodiekurven in ein fünfliniges Notensystem einzupassen.

2. Nun seht, nun seht,
wie sich das Kind schön dreht.
Nun seht, nun seht,
wie sich das Kind schön dreht.
Jetzt geht es wieder
hopp, hopp, hopp...

Alle drehen sich um sich selbst.

Alle tanzen auf der Kreisbahn.

3. Nun fix, nun fix,
macht alle einen Knicks.
Nun fix, nun fix…

Alle machen einen Knicks.

Bei einem fröhlichen Kreisspiel lernen die Kinder Körperbeherrschung und entwickeln die Koordination der Bewegungen.

macht alle einen Knicks.
Jetzt geht es wieder
hopp, hopp, hopp, ..   *Alle tanzen im Kreis.*

4. Am End, am End,
   klatscht alle in die Händ.   *Alle klatschen in die Hände.*
   Am End, am End,
   klatscht alle in die Händ.
   Jetzt geht es wieder
   hopp, hopp, hopp...   *Alle klatschen.*

Bei der ersten Strophe stehen alle im Kreis und tippen abwechselnd mit der linken und der rechten Fußspitze auf den Boden. Bei »hopp, hopp …« tanzen alle im Seitgalopp auf der Kreisbahn.

Besonderheit
Die motorischen Fertigkeiten werden geübt. Das Kind lernt im Seitgalopp zu hüpfen und sich um die eigene Achse zu drehen. Der schnelle Wechsel der Bewegungen erfordert Konzentration und Reaktionsfähigkeit.

Mit vier Jahren kann ein Kind schon gut hüpfen. Es gelingt immer besser, Höreindrücke mit der Sprache und auf einem Instrument einzufangen. Instrumente selbst bauen ist schon mit den einfachsten Mitteln möglich. Dosen verwandeln sich in Trommeln, Pappröhren in Rasseln, Kronenkorken in Schellen.

Ich bin ein dicker Tanzbär

Tonart: F- Dur

Kinderlied

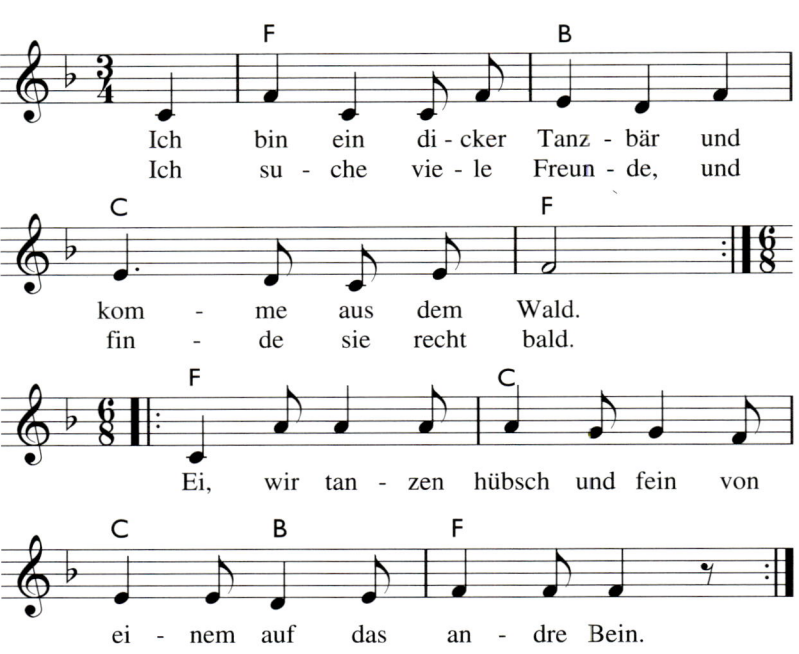

Ich bin ein di - cker Tanz - bär und
Ich su - che vie - le Freun - de, und

kom - me aus dem Wald.
fin - de sie recht bald.

Ei, wir tan - zen hübsch und fein von

ei - nem auf das an - dre Bein.

Hier ist Konzentration gefragt. Aber Kinder sind wie beim Memoryspiel den Erwachsenen häufig überlegen und empfinden es als gar nicht schwierig, sich die Strophen und Bewegungen zu merken. Vor allem, wenn sie es als spielerische Herausforderung begreifen dürfen und nicht unter Erfolgszwang gestellt werden.

Wir gehen im Kreis. Bei » Ei, wir tanzen« bleiben wir stehen und schaukeln von einem Bein auf das andere.

Variation
Ein Kind tanzt allein im Innenkreis und bei »Ei, wir tanzen« sucht es sich ein Kind aus, mit dem es im Paarkreis tanzen will.

Besonderheit
Die Schaukelbewegung von rechts nach links wird angeregt und somit das Gleichgewicht geschult. Bei der Variation können die Kinder im Mittelpunkt stehen und frei wählen, mit wem sie tanzen wollen. Die Zuschauer üben das Wartenkönnen.

Wide, wide, witt mein Mann

Tonart: F- Dur (c'- d")   *Überliefert*

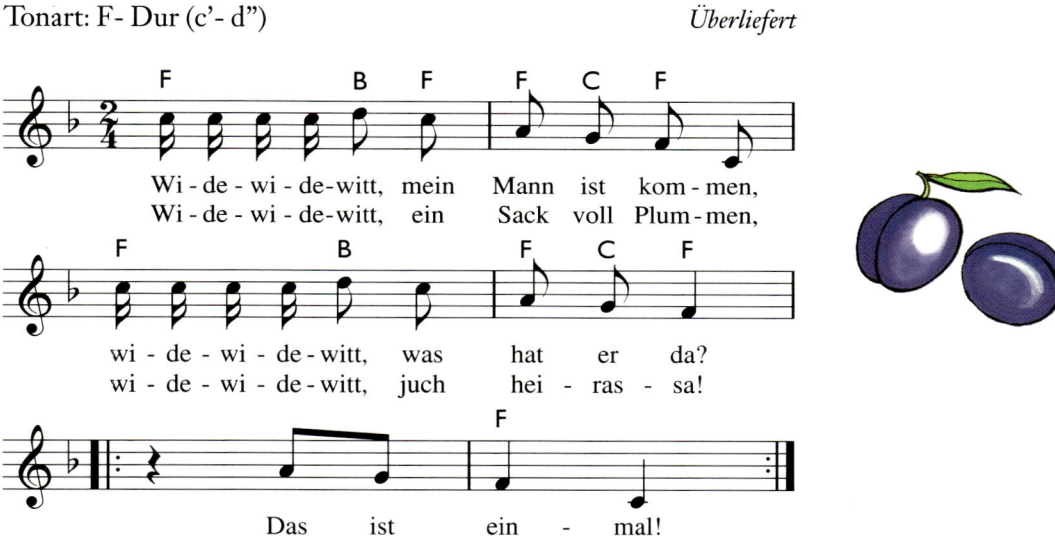

Wi - de - wi - de-witt, mein   Mann   ist   kom - men,
Wi - de - wi - de-witt, ein   Sack   voll Plum - men,

wi - de - wi - de - witt,   was   hat   er   da?
wi - de - wi - de - witt,   juch   hei - ras - sa!

Das   ist   ein - mal!

1. das ist einmal   *auf die Oberschenkel patschen*
2. das ist zweimal   *in die Hände klatschen*
3. das ist dreimal   *um die eigene Achse drehen*
4. das ist viermal   *einen Sprung in die Luft*
5. das ist fünfmal   *rechtes Knie auf den Boden*
6. das ist sechsmal   *linkes Knie auf den Boden*
7. das ist siebenmal.   *mit dem Popo auf den Boden setzen*

Wir gehen auf der Kreisbahn und singen das Lied. Bei jeder Strophe wird eine neue Bewegung hinzugefügt und die vorhergehenden wiederholt.

Besonderheit
Bei diesem Spiel wird das Gedächtnis sowie das Bewegungsgedächtnis geschult. Die Kinder dürfen kreativ sein und neue Bewegungen erfinden.

Fingerspiele

Fingerspiele machen vor allem den Jüngsten Spaß. Dabei entdecken sie ihren Körper und ahmen die Bewegungen der Erwachsenen nach.

Fingerspiele sind die ersten Spiele, die Erwachsene mit ihren Kindern machen. Es sind zärtliche Spiele, bei denen die Eltern ihre Kinder streicheln, kitzeln, krabbeln und necken. Fingerspiele bieten vielfältige Möglichkeiten zur Körpererfahrung. Kleinkinder entdecken ihre Finger und lernen, sie einzeln zu bewegen. Aber nicht nur die Kleinsten haben Interesse an diesen Hand- und Fingerspielen, auch Kinder bis zum Schulalter experimentieren gerne mit der Ausdruckskraft ihrer Hände. Durch diese Art der Spiele verbessert sich nicht nur die Finger- und Handgeschicklichkeit, sondern auch die Sprachfähigkeit. Das Sprachzentrum liegt im Gehirn nahe dem Zentrum von Hand und Handgelenk. Die Sprachentwicklung steht oftmals im Verhältnis zum Entwicklungsstand der Feinmotorik und der Fingerbeweglichkeit.

Das ist der Daumen

Bei den Fingerspielen erhält jeder Finger seine besondere Bedeutung. Die Spiele sollten deshalb langsam beginnen, bis das Kind sich die Worte gemerkt hat.

Um die einzelnen Finger bewusst einsetzen zu können, bedarf es der Steuerung durch den Verstand. Um schwierigere Tätigkeiten ausführen zu können ist eine gute Fingerbeweglichkeit notwendig. Damit sich die Hände oder Finger bewegen, muss das Gehirn ca. zehnmal so viele Impulse aussenden als bei einer Beinbewegung. Die Entwicklung der Hand- und Fingergeschicklichkeit vollzieht sich im gleichen Maße wie die Entwicklung des Denkens.

Kinder versuchen in ihren ersten Lebensjahren, Erwachsene genau nachzuahmen. Deshalb sollte bei Fingerspielen auch langsam und deutlich vorgesprochen werden. Die Kinder üben beim Spielen und Sprechen der Fingerspiele Fingergeschicklichkeit, Lautwahrnehmung, Artikulationsfähigkeit und fließendes Sprechen. Es ist auch darauf zu achten, dass die Bewegungen der Finger dem Text des Fingerspiels entsprechen. Zum Beispiel bei »Kribbel, krabbel, grase, ich krabbel an der Nase ...«, muss der Erwachsene das Kind auch an der Nase krabbeln, damit sich auf spielerische Weise sein Sprachverständnis entwickelt. Fingerspiele bereiten Spaß und können an jedem Ort gespielt werden. Sie unterstützen auch die emotionale Bindung zwischen Erwachsenem und Kind.

Für kleine Krabbelfinger

Die ersten Fingerspiele eignen sich bereits für Babys und Kleinkinder. Sie zeichnen sich durch Kürze und einfache Hand- und Fingerbewegungen aus.

Über Fingerspiele findet sehr viel Körperkontakt statt. Gerade für kleinere Kinder ist Kuscheln und Getragenwerden ungeheuer wichtig, weil es das Gleichgewichtsorgan stimuliert und ein Gefühl der Geborgenheit vermittelt.

Das Vögelchen

Das Vögelchen macht
piep, piep, piep,
hat das Kindchen
lieb, lieb, lieb
pick, pick, pick

Daumen und Zeigefinger werden zusammengeführt; bei »lieb« streicht der Erwachsene dem Kind über die Wangen; bei »pick« klopft der Zeigefinger auf die Wangen des Kindes.

Kribbel Krabbel

Kribbel-krabbel-grase,
ich krabbel an der Nase.
Kribbel-krabbel-gror,
ich krabbel dich am Ohr.

Die Gestik ergibt sich aus dem Text.

Das Kind nimmt seine Körperteile zunächst unbewusst dann bewusst wahr.

Hase

Wie geht der Hase den
Berg hinauf?
So geht der Hase den
Berg hinauf!
Und so geht er wieder runter.

Der Erwachsene streicht dem Kind die Haare nach oben und wieder hinunter.

In der Gruppe machen Fingerspiele am meisten Spaß. Kinder bringen sich die Verse schnell gegenseitig bei. Neue Spiele sind immer eine besondere Attraktion, auf die Kinder mit Neugier reagieren.

Es war einmal ein Männchen

Es war einmal
ein Männchen,
das kroch in
ein Kännchen,
kroch es wieder raus,
schon ist die
Geschichte aus.

Wir machen eine Faust;
der Daumen zeigt nach oben.
Der Daumen versteckt sich
in der Faust –
und kommt wieder raus.
Die Hände öffnen sich,
Handflächen zeigen nach oben.

Zwerglein

Klitzekleines Zwerglein
stieg auf ein Berglein,
rutschte aus,
lief nach Haus,
schon ist die Geschichte aus.

Mit den Fingern den Arm
hoch krabbeln,
den Arm hinunter rutschen,
die Hände öffnen, Handflächen
zeigen nach oben.

Geht ein Mann die Treppe rauf

Geht ein Mann

die Treppe rauf,
klopft an – Bim-Bam:

Guten Tag, Herr
Hampelmann.

Der Erwachsene krabbelt
mit seinen Fingern
dem Kind am Arm entlang,
klopft in die Ellenbeuge,
zieht am Ohr

und streicht über die Nase.

Mäuschen

In einem Häuschen sind
viele kleine Mäuschen.
Sie zippeln und zappeln,
sie kribbeln und krabbeln,
sie stehlen und naschen
und will man sie haschen,
husch – sind sie weg.

Beide Hände zappeln mit den Fingern
in der Luft hin und her.
(Dynamisch sprechen)
Die Hände machen eine Greifbewegung
nach vorne in die Luft.
Die Hände verstecken sich
hinter dem Rücken.

Die Ausdruckskraft der Hände fasziniert die Kinder immer wieder. Ganze Geschichten lassen sich mit Gesten und Gebärden erzählen.

Klitzekleines Mäuschen,

Klitzekleines Mäuschen
kommt aus seinem Häuschen,
kommt 'ne Katz,
macht 'nen Satz,
weg ist unser Mausespatz!

Die Hand krabbelt den Boden entlang; die andere Hand kommt sachte als Katze angeschlichen; beide Hände verschwinden hinter dem Rücken.

Bei diesem Spiel wird bereits eine große Koordinationsfähigkeit verlangt.

Kommt 'ne Maus

Kommt 'ne Maus,
baut ein Haus,
kommt 'ne Mücke,

baut 'ne Brücke,

kommt ein Floh,
der macht so.

Die Maus krabbelt den Boden entlang.

Die andere Hand fliegt summend durch die Luft.

Die linke Hand macht eine Brücke über die Maus. Die Hände öffnen sich, Handflächen zeigen nach oben.

Die Hände verschwinden hinter dem Rücken.

Zehn Freunde erleben was

Die folgenden Fingerspiele sind länger und erfordern eine größere Hand- und Fingerfertigkeit. Das Kind muss längere Zeit zuhören und sich mehrere Text und mehrere Bewegungen merken.

Himpelchen und Pimpelchen

Himpelchen und Pimpelchen stiegen auf einen Berg.
    Mit beiden Händen eine Faust machen,
Himpelchen war ein Heinzelmann
    die Daumen nach oben strecken.
und Pimpelchen war ein Zwerg.
    Beide Daumen zeigen nach oben und steigen hoch.
Sie blieben lange da oben sitzen
und wackelten mit ihren Zipfelmützen.
    Die Daumen wackeln hin und her.
Doch nach fünfundsiebzig Wochen
sind sie in den Berg gekrochen.
    Die beiden Daumen verstecken sich in der Faust.
Schlafen da in süßer Ruh',
    Beide Hände aufeinander legen,
seid mal still und hört gut zu.
    die Ohren darauf legen und schnarchen.

Das Däumchen

Zum Däumchen sag ich eins,   *Den Daumen zeigen,*
zum Zeigefinger sag ich zwei,   *den Zeigefinger zeigen,*
zum Mittelfinger sag ich drei,   *den Mittelfinger zeigen,*
zum Ringfinger sag ich vier,   *den Ringfinger zeigen,*
zum kleinen Finger sag ich fünf.   *den kleinen Finger zeigen,*
Hab alle ins Bettchen   *alle Finger machen*
schlafen gelegt,   *eine Faust.*
still, damit keiner sich
mehr regt!

Ich bin der Dicke

Ich bin der Dicke,	*Den Daumen und*
ich bin der Zeiger,	*Zeigefinger zeigen,*
ich bin der Lange,	*den Mittel- und*
ich bin der Ringelmann	*Ringfinger zeigen,*
und ich der kleine Butzemann,	
der alles weiß und alles kann!	*den kleinen Finger zeigen.*

Dort oben auf dem Berge

Dort oben auf dem Berge,	*Mit den Händen einen Berg bilden.*
da ist der Teufel los,	*Fünf Finger zeigen*
da zanken sich fünf Zwerge	*und mit den Armen*
um einen dicken Kloß.	*einen Kreis darstellen;*
Der Erste will ihn haben,	*Daumen zeigen,*
der Zweite läßt ihn los,	*Zeigefinger zeigen,*
der Dritte fällt in'n Graben,	*Mittelfinger zeigen,*
dem Vierten platzt die Hos.	*Ringfinger zeigen.*
Der Fünfte schnappt den Kloß	*Der kleine Finger tanzt herum*
und isst ihn auf mit Soß.	*und versteckt sich in der Faust.*

Die Reise

Alle Finger meiner Hand	*Alle fünf Finger zeigen.*
gehen auf die Reise:	
Der Daumen fahrt nach	
Australien,	*Nur den Daumen ausstrecken;*
der Zeigefinger nach Italien.	*nur den Zeigefinger ausstrecken;*
Der Mittelfinger fährt	
nach Afrika,	*nur den Mittelfinger ausstrecken;*
der Ringfinger fährt	
nach Panama.	*nur den Ringfinger ausstrecken;*
Der Kleine fährt zum Nil	*nur den kleinen Finger ausstrecken;*
und trifft ein Krokodil.	
Da kriegt er einen Schreck	*die Finger zur Faust schließen.*
und sucht sich ein Versteck!	

Die Möglichkeiten der Sprache werden normalerweise zum Austausch von Informationen genutzt. Im Spiel mit Vokalen, Konsonanten, Silben, Worten und Sätzen können rhythmische Abläufe, Taktarten und Taktwechsel gelernt werden. Die Sprache bekommt eine weitere Dimension.

81

Kinder haben häufig große schauspielerische Begabung und leben sie unbefangen aus. Fingerspiele sind bestens dazu geeignet, diese Talente zu fördern und zu bewahren.

Frau Sonne

Fünf Finger schliefen fest,
wie kleine Vögel im Nest.

Die rechte Hand bildet eine Faust.

Da kam die Frau Sonne und schaute herunter.
Der Daumen der dicke, der wurde als erster munter.
Er reckte und streckte sich und nickte erfreut:
Guten Tag Frau Sonne,
schön wird es heut.

Die linke Hand spreizt ihre Finger.
Daumen zeigen.

Da klopfte er dem Nachbar auf die Schulter:
He, aufgewacht,
genug geschlafen!
Zeigefinger.
Der Zeigefinger brummte:
Was soll das heißen?
Mich aus meinem schönen Schlaf zu reißen.

Der Daumen klopft auf den Zeigefinger.

Der Zeigefinger streckt sich.

Er reckte und streckte sich und nickte erfreut:
Guten Tag Frau Sonne,
schön wird es heut.
Da haben die beiden getanzt und gelacht, und die anderen,
die sind davon aufgewacht.

Alle Finger recken sich und tanzen.

Alle zusammen nickten erfreut:
hin und her.
Guten Tag Frau Sonne,
schön wird es heut.

Komm, spiel mit mir! Über die Hände werden Kontakte mit den Altersgefährten gesucht und gefunden.

Fünf Finger sitzen dicht an dicht

Fünf Finger sitzen dicht an dicht.
Sie wärmen sich und frieren nicht.
Der Erste sagt:« Auf Wiedersehn!«
Der Zweite sagt: »Ich will jetzt gehn!«
Der Dritte sagt:
»Ich halts nicht mehr aus.«
Der Vierte geht zur Tür hinaus.
Der Fünfte ruft:
»He, ihr vier, ich frier!«
Da wärmen ihn die andern vier.

*Die Finger sind zur Faust geschlossen.
Der Daumen streckt sich,
der Zeigefinger streckt sich,
der Mittelfinger streckt sich,*

*der Ringfinger streckt sich,
der kleine Finger streckt sich,
die Finger schließen sich
zur Faust.*

Mit rhythmischen Fingerspielen können selbst Vorschulkinder Erfahrungen mit Texten machen, die durch Takt gegliedert sind, also mit musikalischen Formen, die in der Regel erst später im traditionellen Musikunterricht erscheinen.

Du hast 'nen Taler

Du hast 'nen Taler
geh auf den Markt,
kauf dir ne Kuh,
Kälbchen dazu,
Kälbchen hat ein Schwänzchen
Diedel-Diedel-Dänzchen.

*Der Erwachsene patscht dem Kind im Sprechrhythmus in die Handinnenfläche.
Mit den Fingern in der Handinnenfläche krabbeln.*

Links und rechts die Ohren

Spielerisch den eigenen Körper entdecken - ein Weg, um die Persönlichkeit zu stärken, Selbstgefühl und Selbstbewusstsein zu festigen.

Abgesehen davon, dass der eigene Körper für Kinder spannend zu entdecken ist, können Eltern mit lustigen Versen und Liedern den leidigen Kampf ums Waschen und Baden umgehen. Es ist nämlich viel lustiger die Körperteile, die abgespült werden sollen, vorher zu benennen.

Den eigenen Körper zu entdecken und wahrzunehmen ist lange Zeit ein zentrales Thema für Kinder. Ein Kind bekommt erst über Berührung ein Bewusstsein von sich selbst als körperliches Wesen. Es spürt, wo sein Körper anfängt und wo er aufhört. Nach der Geburt weiß das Kind zwar, dass es berührt wird und dies ein Wohlbefinden auslöst, es hat aber keine Wahrnehmung dafür, an welcher Stelle seines Körpers es berührt wird. Ab dem zweiten Lebensjahr entwickelt es die Sensibilität dafür. Seine Haut, das größte Sinnesorgan des Menschen, ermöglicht dem Kind die Grenzen seines Körpers zu begreifen. Es freut sich an seinem Körper und hat viel Spaß am Experimentieren und Entdecken. Verschiedene Bewegungen probiert es aus. Es versucht seine Fußzehen in den Mund zu stecken, die Hand auf den Po zu legen, in die Grätsche zu gehen und zwischen den Beinen durchschauen (dadurch verändert sich die gesamte Raumwahrnehmung) und vieles mehr. Sein Körper und seine Beweglichkeit bereiten dem Kind viel Lust. Diese sinnlichen Erfahrungsspiele sind wesentliche Grundlagen für ein sicheres Berührungsempfinden, d. h. ein Kind spürt, mit welcher Absicht es wo berührt wird.

Die ausgewählten Verse und Lieder bieten immer wieder neue Möglichkeiten, im Spiel seinen Körper isoliert wahrzunehmen, zu befühlen und auch zu benennen. Das Kind lernt, was es heißt zu klatschen, zu stampfen, zu ticken usw. Im Lied »Wo sind deine Ohren« erfährt das Kind, wo sich die einzelnen Körperteile befinden (auch Ellenbogen, Schultern; Kinn usw.) Über die Berührung nimmt das Kind, seinen Körper zunächst unbewusst wahr. Durch das Sprechen der Verse und Singen der Lieder lernt das Kind seinen Körper bewusst wahrzunehmen und zu benennen. Es schult seine feinmotorischen Fähigkeiten und entwickelt ein gutes Körperbewusstsein.

*Spiele zur Körperwahrneh-
mung kann man schon mit
den ganz Kleinen machen.
So lernen sie, sich selbst
wahrzunehmen und ein
Gefühl für den eigenen
Körper zu entwickeln.*

Sprechverse zur Körperwahrnehmung

Die Hände machen

Die Hände machen klatsch, klatsch klatsch,
die Füße machen patsch, patsch, patsch,
die Fingerchen machen tick, tick, tick,
und der Kopf macht nick, nick, nick,
nicke hin, nicke her,
denn das Nicken ist nicht schwer
und wer noch nicht nicken kann,
fängt nochmal von vorne an.

Die Bewegungen ergeben sich aus dem Text

Kinne wippe, rote Lippe

Kinne wippe, rote Lippe,
Nase hauen,
Augenbrauen,
Zupp, zupp, ihr Haare.

Die folgenden Verse
lassen sich beliebig
ergänzen. Nur Mut –
auch Unsinnsverse sind
erlaubt, wie z. B.:
Wir kleben hinterm Ohr,
da holt uns niemand vor.
Wir kleben an der Nase,
trotz jeder Wasserphase.
Wir kleben hier am Hals,
und bleiben jedenfalls.
Wir kleben auf dem
Rücken und bleiben
ohne Lücken.

Meine Hände sind verschwunden

Meine Hände sind
verschwunden,
ich habe keine Hände mehr.
Seht, da kommen meine
Hände wieder,
tralalalalalalalala.

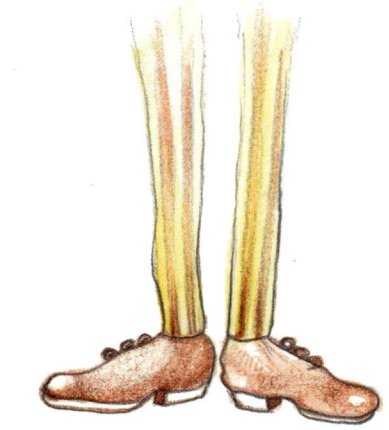

Ich stampfe mit den Füßen

Ich stampfe mit den Füßen,
ich klatsche mit den Händen,
ich nicke mit dem Köpfchen,
das alles kann ich schon.
Ich schüttle meine Hände,
ich recke meine Arme,
ich tripple mit den Füßen,
das alles kann ich schon.

Die entsprechenden Körperteile werden bewegt

Wenn Eltern ihr Kind bei diesen Versen zärtlich im Arm halten, erfährt es über die Beschäftigung mit dem Körper gleichzeitig Geborgenheit und Liebe und die Gewissheit, dass sie immer auf Verständnis hoffen können.

Wo sind denn deine Finger nur?

1 – 2 – 3 – ritsche – ratsche – rei
deine Finger sind verschwunden,
oh – wer hat sie wohl gefunden
Hurra, hurra, hurra,
nun sind sie wieder da.

*Das Kind lässt die Finger hinter
dem Rücken verschwinden
und zeigt sie nach einer Weile
wieder vor.*

Dasselbe Spiel ist auch mit anderen Körperteilen möglich

1 - 2 – 3 – ritsche – ratsche – rei
deine Augen sind verschwunden,
deine Nase,
dein Kinn,
deine Backen.

Lieder zur Körperwahrnehmung

Ich habe zwei Augen

Tonart: F – Dur   *Volkslied*

Ich ha - be zwei Au-gen, ich hab ei - nen Mund, 'ne
Na - se, zwei Oh - ren, bin froh und ge - sund.
Hol - la - di - di ja, hol - la - di ho,
hol - la - di hopp-sa-sa, hol - la di ho.

Wo sind deine Ohren

Tonart: D – Dur   *Mündlich überliefert*

Die Kinder zeigen und benennen die entsprechenden Körperteile. Nase, Augen, Mund, Zähne, Kinn, Schultern, Ellenbogen, Bauch werden ebenso besungen.

Wo sind dei - ne Oh - ren? Da sind mei - ne Oh - ren!
Ja, ja, ja, da sind mei - ne Oh - ren!

Wiegen- und Schlaflieder

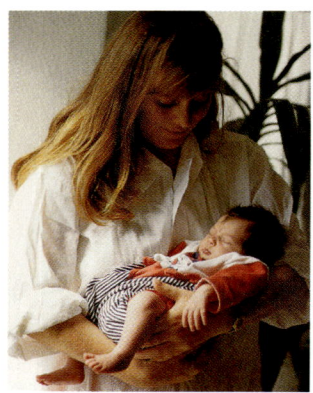

Ein Schlaflied stellt einen besonders engen Kontakt zwischen Mutter und Kind her.

Wiegen- und Schlaflieder haben eine beruhigende Wirkung auf das Kind. Sie sind zärtlich und vermitteln Geborgenheit. Die liebevolle Stimme der Erwachsenen entspannt das Kind, es fühlt sich angenommen und ein Vertrauensverhältnis zwischen Kind und Erwachsenen entsteht. Charakteristisch für die Wiegenlieder ist der 6/8, 3/8 oder 3/4 Takt. Sie motivieren zum Hin- und Herschaukeln. Die Schlaflieder helfen den Kindern, zur Ruhe zu kommen und die Augen zu schließen, die Angst vor der Dunkelheit zu überwinden.

Wiegenlieder

Wiegenlieder sind kleine Rituale, die Kindern helfen zur Ruhe zu kommen, genauso wie gedämpftes Licht. Sie fühlen sich dann geborgen und können sich entspannen. Der Abschied vom Tag mit all seinen Aktivitäten fällt leichter.

Schaukeln und Wiegen lösen beim Menschen seit jeher Freude, Zufriedenheit und Wohlbefinden aus. Die ersten Schaukelerfahrungen macht das Kind als Fötus im Mutterleib. Die Bewegungen der Mutter stimulieren das Gleichgewichtssystem des ungeborenen Kindes. Am Körper getragen, gehalten und geschaukelt zu werden sind Urbedürfnisse des Menschen. Sind diese Bedürfnisse erfüllt, entsteht das Gefühl, getragen und beschützt zu sein. Das Urvertrauen und das zunehmende Interesse an der Umwelt kann heranreifen. Seinen eigenen Körper in verschiedenen Positionen wahrzunehmen, ihn zu drehen, zu schaukeln, die Raumrichtung verändern zu können, sich leicht und schwer zu fühlen, sind wichtige Grunderfahrungen, die das Kind unbewusst macht. Auf diese Erfahrungen baut sich das motorische Lernen auf. Sie sind Bausteine für die gesamte geistige, seelische und körperliche Entwicklung. Schaukeln und Wiegen in verschiedenen Lagen sind nicht nur für das Kleinkind wichtig. Bis zum Schulalter entwickelt sich das Gleichgewichtsorgan im Gehirn des Kindes, das wiederum für die gesamte Wahrnehmungsfähigkeit und

Interpretation von Wahrnehmungen sowie die Körpersteuerung verantwortlich ist. Sind Kinder aus dem Alter der Wiegenlieder herausgewachsen, sollte man sie immer wieder zu verschiedenen Schaukelbewegungen anhalten wie beispielsweise in der Hängematte, verschiedene Wippen auf dem Spielplatz auszuprobieren oder mit dem Pezziball zu experimentieren.

Bei den folgenden Wiegenliedern kann das Kind auf unterschiedlichste Weise getragen werden. Singen und Bewegen beruhigen das Kind und stärken die emotionale Beziehung zum Erwachsenen. Das Kind macht wesentliche Erfahrungen mit seinem Gleichgewicht und fühlt sich gehalten und beschützt. Die Melodien sind einfach, sie wirken beruhigend und sanft. Das Kind lauscht aufmerksam den Tönen und macht die ersten musikalischen Erfahrungen.

Nina Nana

Tonart: B-Dur

Nach einem italienischen Lied

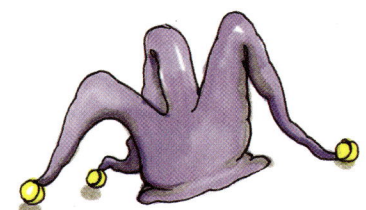

Der Sandmann ist da

Tonart: G – Dur   *Überliefert*

Der Sand-mann ist da, der Sand-mann ist
da, er hat so schö-nen wei-ßen Sand, ist
al-len Kin-dern wohl-be-kannt. Der Sand-mann ist da.

Heute wolln wir schaukeln

Tonart: F – Dur   *Mündlich überliefert*

Heu - te wolln wir schau - keln,
wie die klei - nen Ba - bies. Fich - ten schau-keln,
Lin - den schau-keln sanft im Wind hin und her.

2. Ich will schaukeln, du willst schaukeln
sanft im Winde hin und her.
Fichten schaukeln Linden schaukeln
sanft im Winde hin und her.

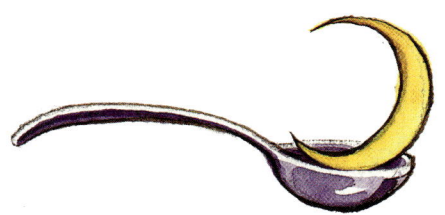

Wenn ein Kind weiß, dass alles um es herum zur Ruhe geht, auch der kleine Bär im Zoo, dann braucht es keine Angst zu haben, etwas zu versäumen, und kann beruhigt einschlafen.

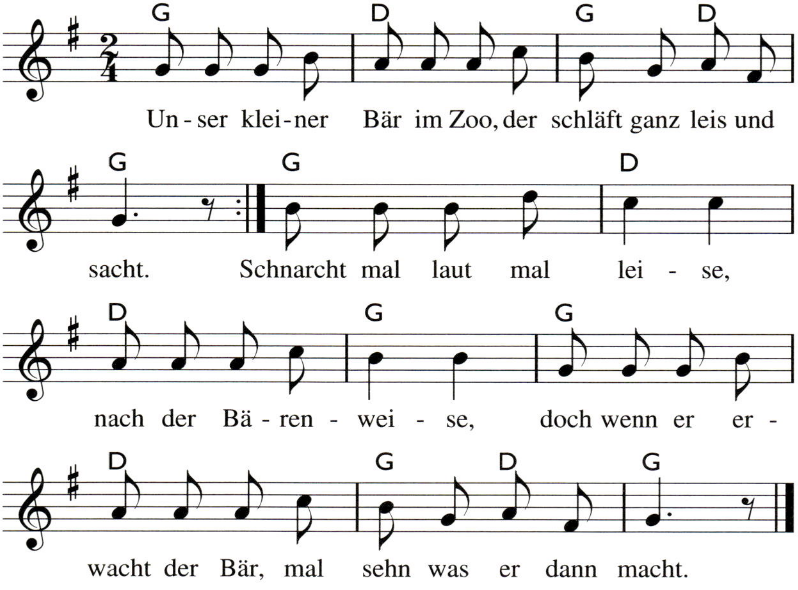

Unser kleiner Bär im Zoo

Tonart: G – Dur

Schwedisches Kinderlied

G D G D
Un - ser klei - ner Bär im Zoo, der schläft ganz leis und
G G D
sacht. Schnarcht mal laut mal lei - se,
D G G
nach der Bä - ren - wei - se, doch wenn er er -
D G D G
wacht der Bär, mal sehn was er dann macht.

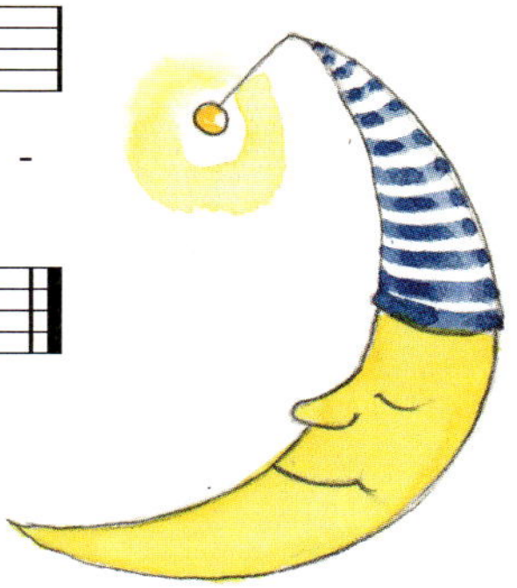

Schlaflieder

Schlaflieder erzählen von der Nacht, von den Sternen, vom Mond oder von schlafenden Kindern. Sie vermitteln das Gefühl, behütet zu sein und bereiten das Kind auf den Schlaf und die Nacht vor. Wenn jeden Tag das gleiche Ritual praktiziert wird, z. B. ein kurzes Gespräch über den Tag, ein Gebet oder ein Lied, hat das Kind die Möglichkeit sich an einen Rhythmus zu gewöhnen und die Angst vor der Nacht zu überwinden. Eine enge Bindung zwischen der Bezugsperson und dem Kind entsteht. Sie nehmen sich Zeit füreinander und genießen das gemeinsame Singen und Sprechen.

Wer hat die schönsten Schäfchen

Tonart: F-Dur

Weise: F. Reinhart
Text: Hoffmann v. Fallersleben

Ein immer wiederkehrender, geregelter Ablauf von Handlungen, die das Zubettgehen begleiten, erleichtern einem Kind das Einschlafen.

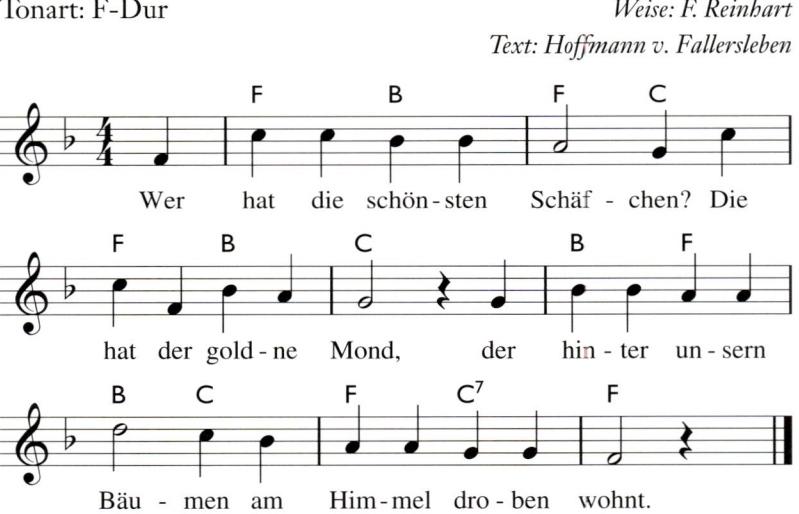

2. Er kommt am späten Abend, wenn alles schlafen will,
   hervor aus seinem Hause zum Himmel leis und still.
3. Dann weidet er die Schäfchen auf seiner blauen Flur;
   denn all die weißen Schäfchen sind seine Sterne nur.

Guten Abend, gut Nacht

Tonart: C – Dur

Joh. Brahms

Gu-ten A - bend, gut' Nacht! Mit Ro - sen be-

dacht, mit Näg - lein be - steckt, schlupf

un - ter die Deck'. Mor - gen früh, wenn Gott

will, wirst du wie - der ge - weckt. Mor - gen

früh, wenn Gott will, wirst du wie - der ge - weckt.

2. Guten Abend, gut' Nacht,
   von Englein bewacht,
   die zeigen im Traum
   dir Christkindlein Baum.
   Schlafe selig und süß,
   bis ins Traumparadies,
   schlafe selig und süß
   bis ins Traumparadies.

Auch wenn Mütter oder Väter glauben, nicht singen zu können, sollten sie ihren Kindern Schlaflieder vorsingen. Es geht dabei ja nicht um Musikalität, sondern um Zuwendung und die Begleitung in die Dunkelheit und den Schlaf.

Weißt du, wie viel Sternlein

Tonart: D-Dur   *Volkslied*

Weißt du, wie viel Stern-lein ste - hen an dem
Weißt du, wie viel Wol-ken zie - hen weit hin -

blau - en Him-mels - zelt?
ü - ber al - le Welt?

Gott, der Herr— hat sie ge-zäh - let, dass ihm

auch— nicht ein-es feh - let an der gan-zen gro-ßen

Zahl,—— an der gan - zen gro-ßen Zahl.

Für Kinder ist es sehr tröstlich, wenn sie wissen, dass es eine höhere Macht als sie selbst gibt, die über sie wacht, wenn sie nachts schlafen, die ihnen alles verzeiht und die sie auch in den neuen Tag hineinführt.

2. Weißt du, wie viel Mücklein spielen in der heißen Sonnenglut?
   Wie viel Fischlein auch sich kühlen in der hellen Wasserflut?
   Gott, der Herr rief sie mit Namen, dass sie all ins Leben kamen,
   dass sie nun so fröhlich sind, dass sie nun so fröhlich sind.

3. Weißt du, wie viel Kinder frühe stehn aus ihrem Bettlein auf,
   dass sie ohne Sorg' und Mühe fröhlich sind im Tageslauf?
   Gott im Himmel hat an allen seine Lust, sein Wohlgefallen,
   kennt auch dich und hat dich lieb, kennt auch dich
   und hat dich lieb.

Die Autoren

Doris Arnitz ist Erzieherin, Diplomsozialpädagogin, Rhythmik- und Motopädagogin und Musiklehrerin. Die Mutter zweier Töchter lässt sich derzeit noch zur Familientherapeutin und in systemischer Therapie ausbilden. Sie arbeitet freiberuflich und leitet ein eigenes Studio.

Cornelia Tomaschko ist Journalistin und arbeitet freiberuflich für eine große regionale Tageszeitung. Die Mutter zweier Söhne ist auch in der Journalisten-Fortbildung tätig.

Bildnachweis

Rehm Claudia, Stockdorf: U2, 6, 16, 35, 38, 62, 76, 85; Tony Stone, München: U4 (Ken Fisher), 12 (Lawrence Migdale), 14 (Mitch York), 40 (Charles Thatcher), 83 (Bob Thomas), 84 (Sarah Lawless); Velten Heidi, Leutkirch – Ausnang: Titel, 5, 73, 79, 88 Illustrationen: Susanna Grigoletto, München

Hinweis

Das vorliegende Buch ist sorgfältig erarbeitet worden. Dennoch erfolgen alle Angaben ohne Gewähr. Weder die Autorinnen noch der Verlag können für eventuelle Fehler oder Schäden, die aus den im Buch gegebenen praktischen Hinweisen resultieren, eine Haftung übernehmen.

Impressum

Der Südwest Verlag ist ein Unternehmen der Verlagshaus Goethstraße GmbH & Co. KG.
© 1999 Verlagshaus Goethestraße GmbH & Co. KG, München

Alle Rechte vorbehalten. Nachruck – auch auszugsweise – nur mit Genehmigung des Verlags.

Redaktion:
Michaela Breit
Redaktionsleitung:
Nina Andres
Bildredaktion:
Ute Schoenenburg
Umschlag und Layout:
Till Eiden
DTP/Satz:
Monika Anger
Produktion:
Manfred Metzger (Leitung), Annette Aatz, Dr. Erika Weigele-Ismael
Druck:
Weber Offset, München
Bindung:
R. Oldenbourg, München

Printed in Germany

Gedruckt auf chlor- und säurearmem Papier

ISBN 3-517-06021-6

Register